中国有色金属工业协会专家委员会组织编写

有色金属系列丛书

中国再生有色金属

北京
冶金工业出版社
2013

内 容 简 介

本书全面介绍了再生有色金属的发展简史、性质与用途，金属废料回收体系、园区以及“城市矿产”示范基地建设，以及金属废料的拆解和预处理，再生有色金属的冶炼和加工，再生有色金属工业的节能减排、进出口贸易、资本运营、“十二五”发展前景和相关政策法规、著名的生产商等。

图书在版编目(CIP)数据

中国再生有色金属/中国有色金属工业协会主编. —北京:冶金工业出版社，2013.1
(有色金属系列丛书)
ISBN 978-7-5024-6139-3

Ⅰ.①中… Ⅱ.①中… Ⅲ.①二次金属—有色金属冶金—冶金工业—中国 Ⅳ.①F426.32

中国版本图书馆 CIP 数据核字(2012)第 297186 号

出 版 人 谭学余
地　　址 北京北河沿大街嵩祝院北巷 39 号，邮编 100009
电　　话 (010)64027926 电子信箱 yjcbs@cnmip.com.cn
责任编辑 姜晓辉 美术编辑 李 新 版式设计 孙跃红
责任校对 李 娜 责任印制 李玉山
ISBN 978-7-5024-6139-3
冶金工业出版社出版发行;各地新华书店经销;三河市双峰印刷装订有限公司印刷
2013 年 1 月第 1 版，2013 年 1 月第 1 次印刷
148mm×210mm；8.25 印张；162 千字；242 页
32.00 元

冶金工业出版社投稿电话:(010)64027932 投稿信箱:tougao@cnmip.com.cn
冶金工业出版社发行部 电话:(010)64044283 传真:(010)64027893
冶金书店 地址:北京东四西大街 46 号(100010) 电话:(010)65289081(兼传真)
(本书如有印装质量问题，本社发行部负责退换)

《有色金属系列丛书》
编辑委员会

《中国再生有色金属》编辑委员会

序

为适应有色金属工业发展的需要，普及和提高有色金属知识，提升全国有色金属战线广大干部职工的思想业务素质，促进我国从有色金属生产大国向有色金属工业强国的转变，中国有色金属工业协会组织编写了《中国铜业》等《有色金属系列丛书》（共21本）。《丛书》集中了全行业的智慧和力量，汇集了当今中国乃至世界有色金属领域的最新知识和信息，深入浅出，通俗易懂，融知识性、实用性为一体，是社会各界学习和提高有色金属知识的好教材和实用工具书。

有色金属是经济社会发展必不可少的基础材料和重要战略物资。有色金属作为功能材料和结构材料而广泛应用于人类生活的各个领域，成为当今高新技术发展和国防军工的重要支撑。有色金属的生产和消费水平已经成为衡量一个国家社会进步的重要标志。

中国是生产有色金属品种最全的国家，门捷列夫化学元素周期表中的64种元素的有色金属都能生产。中国是世界生产和消费有色金属最多的国家，到2011年十种有色金属产量已达3438万吨（快报数），连续10年位居世界第一，年消费有色金属已达3580万吨以上，连续9年位居世界第一。目前全国已有有色金属企业、事业单位3万多家，就业人员360多万。

有色金属涵盖的金属品种多。在元素周期表中，除了黑色金属铁、锰、铬，锕系和超锕系放射性金属元素外，余下64种都为有色金属元素。有色金属成矿条件复杂，矿床类型多样，矿体形态变化大，元素组合多样，勘探难度大，而且需要综合勘探、综合评价。有色金属结构复杂，多种矿物相嵌共伴生关系密切，选矿和冶炼的技术、装备复杂，工艺流程长。有色金属应用领域广，用途千差万别，材料的研制和加工复杂。有色金属元素在原矿中含量低，富集比都在几十、几百、几千甚至几万以上，导致在采矿、选矿和冶炼过程中固体废物多，节能环保压力大，工艺技术复杂。综合上述不难看出，有色金属产业是固体矿产资源开发利用领域最复杂的产业，有色金属知识领域宽广、博大精深。

建设现代化的有色金属工业强国是全行业360多万职工为之奋斗的目标。我相信，《丛书》的出版发行，对增进全社会对有色金属工业的了解，推动全行业广大干部职工学习和掌握有色金属知识必将发挥积极重要的作用。让我们行动起来，为促进我国有色金属工业的持续、稳定发展，为实现有色金属工业发展的既定目标而奋勇前进。

中国有色金属工业协会会长 陈全训

2012年8月于北京

前　言

中国经济的迅猛发展带动了对工业原材料的需求，也使资源产业承受越来越大的挑战，发展可再生资源产业已经成为解决这一问题的关键。再生有色金属产业作为循环经济建设的重要领域受到了中国政府的高度重视，同时得到了国内外社会各界的广泛关注与支持。

在过去的十年里，中国再生有色金属工业取得了巨大的发展，一批优秀的再生有色金属企业蓬勃发展，一批再生资源加工园区和国内交易市场悄然崛起，先进的技术及工艺设备逐渐取代落后的生产工艺。这不仅有效缓解了中国原生矿资源供应不足的矛盾，同时在节约资源、保护环境、解决就业等方面为国家和社会作出了巨大的贡献。

本书共分十篇，全面介绍了再生有色金属的发展简史、性质与用途，金属废料回收体系、园区以及“城市矿产”示范基地建设，金属废料拆解和预处理，再生有色金属冶炼和加工，再生有色金属工业节能减排、进出口贸易、资本运营、“十二五”发展前景和相关政策法规，著名生产商等。

本书作为科普性的口袋工具书，以浅显易懂的文字和内容丰富的图片阐述了中国再生有色金属行业现状、工艺技术装备水平以及资本运营情况。希望本书的出版能对广大的企事业专业技术人士、大专院校师生和从事有色金属贸易、股票、期货的相关人士提供一些有益的帮助。

本书在编写过程中，得到中国有色金属工业协会原副会长王恭敏的关心和帮助，谨在此致以诚挚的谢意！

由于作者水平所限，书中不妥之处敬请读者不吝指教！

编　者

2012 年 10 月

目　录

第一篇

发展简史

第一章 概　述

中国再生有色金属有着悠久的历史。据《史记·平准书》记载，秦统一天下之后，“收天下之兵，集之咸阳，铸以为钟锯，金人十二，各重千石”。所谓兵，就是各种报废的青铜兵器。十二座金人现已无处寻觅，但却给中国古代再生有色金属历史增添了光辉的一页。明末科学家宋应星在其科学著作《天工开物》中对再生铜、再生铅和含银废料的再生利用技术作了详细描述，一些内容对今天仍有重要的指导作用。先人光辉灿烂的科学文化为后人留下了无限的启迪和遐想。

新中国成立后，党和政府高度重视废杂有色金属的回收利用工作。全国物资回收机构在各地建立了大量的回收网点，中国废旧金属回收利用产业得到了很好的发展。

随着国家对循环经济理念的不断深入、对资源综合利用和节能减排工作的不断加强，再生金属产业发展逐步得到国家有关部门的重视和支持。进入21世纪以来，中国再生金属产业取得快速发展，2010 年中国再生有色金属总产量达到775 万吨，相当于 2000 年全国有色金属总产量（783 万吨）。废金属回收、拆解、冶炼、加工企业有数千家，从业人员上百万人，已经成为一个规模性的行业。

经过多年的发展，进口再生金属加工园区和大型冶炼加工企业并驾齐驱，使再生金属行业跃上了一个大台阶，中国再生金属行业已经走上了形式多样化、企业规模化、设备大型化、质量标准化、拆解和再生冶炼加工技术不断创新、废金属直接利用比例逐步提高及产业升级速度加快的轨道。

第二章 计划经济时期（1949 ~ 1978 年）

新中国成立初期，废杂铜被列为战略物资由国家物资储备局进行储备。为了加强对废金属回收的管理，1954 年国家成立了中央人民政府财政经济委员会金属回收管理局，主管全国废旧金属的回收计划工作，其中包括废旧有色金属。当时国家金属回收管理局在全国重点城市设立仓库，统一收购和调拨废旧金属。当时，熔炼废杂铜的企业主要有：沈阳冶炼厂、天津电解铜厂、上海冶炼厂；熔炼废铝的企业为上海宝华冶炼厂、长春再生铝厂；废铅熔炼的企业有上海新丰冶炼厂等。由于当时的有色金属品种很少，因此回收的废旧金属主要是铜、铝和铅。历史资料表明，从 1951 ~ 1961 年的 10 年中，中国再生铜产量占铜总产量的比例均为 64.9% 。此外，在新中国成立的初期至 20 世纪 50 年代末，全国供销总社在全国城乡建立起废旧物资的回收网络，负责社会上产生的废旧金属的回收。

1966 年，国家在物资部成立了中国金属回收公司，直接收购中央 18 个工业部门所属企业产生的废旧金属，社会上产生的废旧金属委托供销社进行回收。废金属的回收利用主要分为两大系统，即回收系统和利用系统，其中回收系统负责废金属的回收，企业性质有国有企业和集体企业；利用系统主要以国有企业为主，也有一些集体企业。

第三章　改革开放初期（1979～1994 年）

改革开放初期，社会主义市场经济开始建立，再生金属产业开始步入发展轨道。当时，中国再生金属原料仍以国内回收为主，国外进口极少，参与废金属回收利用的企业也主要以国有企业和集体企业为主。

随着中国经济的不断发展，废旧金属的回收和利用系统发生了巨大的变化。其中，民营企业和个体企业开始涉足废旧金属的回收和利用行业，尤其是废金属的利用企业，如雨后春笋般地发展起来。在 1990 年前后，国内废金属利用形成了几个较大的区域，主要有保定地区、广东大沥、浙江永康等。这些区域从事废金属回收利用的主要是个体企业和民营企业。

1990 年之前，中国再生有色金属产业主要有以下几个系统：

（1）资源回收领域。本领域即所说的回收系统，主要包括了物资系统、供销社系统。

物资系统：即现在的物资再生利用系统。该系统是计划经济时期从事废有色金属回收的主要渠道之一，以国有企业为主，是废有色金属回收和经营的主渠道之一。

供销社系统：即现在的再生资源系统。主要由集体所有制企业组成，是计划经济时期从事废有色金属回收经营的主渠道之一。该系统在计划经济时期已经在全国建立了较广泛的回收网络，主要从事废旧物资的回收。其中，也包括废杂有色金属，是废旧有色金属回收的主要渠道之一。

（2）废有色金属再生利用领域。本领域即再生利用系统，1966 年以前，从事废杂有色金属再生利用的企业以国有企业为主，产品主要是再生铜和再生铅。由于废杂铝和稀贵金属废料非常少，因此，再生利用企业也很少，当时全国具备规模的再生铝企业只有两家。

进入市场经济后，再生有色金属产业发展迅速，从事废有色金属再生利用的企业已经打破原有的格局，由原有色冶金系统的企业、民营企业和个体企业组成。其中，再生铝、再生铅主要是民营企业和个体企业。

（3）铁道部系统。铁道部系统是产生废金属和利用废金属的一个较大的行业。因此,产生的废旧金属由本系统直接回收,并由本系统直接利用,与其他回收和利用企业不发生关系。

（4）进口的废有色金属领域。中国在 1990 年之前进口废有色金属很少，主要品种是废杂铜，而大量进口废有色金属是从20世纪90年代开始的。目前，进口废铜和废铝已成为废有色金属的一个主要渠道。

第四章　市场经济完善时期（1995～2000年）

随着境外废金属的大量进口，再生金属产业进入快速发展时期。根据联合国工发组织资料，1995～2000年，中国制造业年均增长9.3%，比工业化国家快6.1个百分点，比发展中国家快4.0个百分点。随着社会主义市场经济逐步发展和完善，中国工业化、城市化加速推进，中国工业发展加快了资源、能源需求的快速增长，废旧金属进口逐步放开和扩大，进口废金属正逐渐成为中国废金属原料的主要来源。

随着全球经济的快速发展，发达国家产生的废弃物越来越多。由于发达国家劳动力价格昂贵，环境标准要求严格。因此，这些废料被转移到发展中国家，给发展中国家的环境带来了严重危害。为此，联合国环境规划署于1989年制定了《控制危险废物越境转移及其处置巴塞尔公约》。中国是巴塞尔公约的缔约国之一，为了实施巴塞尔公约，保护中国环境，环境保护部（原国家环境保护总局）等部门于1996年颁布了《废物进口环境保护管理暂行规定》和《进口废物环境保护控制标准》。

20世纪90年代初，国外产生的一些固体废物如废铜、废铝、废钢逐渐进入中国浙江省台州地区，形成了一家一户的小拆解作坊，在回收有价的废金属之后，剩余的不可利用物随处乱倒，给当地环境造成了污染。为了加强固体废物的管理，1995 年 10 月 30 日全国人大通过了《中华人民共和国固体废物污染环境防治法》，并于 2004 年 12 月 29 日作了修订，该法全面规定了固体废物污染环境防治的体系和制度，并对进口固体废料做出了具体的规定。环境保护部根据《中华人民共和国固体废物污染环境防治法》的规定，于 2001 年制定了《限制进口类》、《自动进口许可类》和《禁止进口类》废物的目录。从此，进口固体废物走上了法制管理的轨道。

在中国沿海经济发达的浙江省台州市废金属拆解业快速发展的基础上，中国废旧金属拆解业迅速在沿海其他地区发展，如广东、江苏、天津、上海等地，废金属进口量逐年增多。进口的定点企业发展到 500 多家。

第五章　中国制造业迅猛增长时期（2001 ~ 2010 年）

随着进口再生资源加工园区和国内废物回收交易市场的建立，再生金属产业高速蓬勃发展。21 世纪以来制造业增长速度在中国已超过 GDP 的增长速度，成为中国最大的产业经济增长点和国民经济的重要组成部分。中国进入了工业化中期、城市化和现代消费模式快速形成的时期。

第一节　国务院实行机构改革，行业管理体制变化

为了适应有色金属工业的发展，2000 年 4 月 10 日，中

国有色金属工业协会正式在国家民政部注册，同年6月16日，举行了成立揭牌仪式。并于2002年5月16日成立了中国有色金属工业协会再生金属分会，标志着中国再生有色金属行业管理体制进入了一个新阶段。

第二节　行业综合实力显著提高

一、废旧金属进口量大增

中国废旧有色金属进口量由2002年的358万吨增至2010年的725万吨，增幅达102.5%，年均增长率达11.4%，2002~2010年累计进口有色金属废料达5541万吨。

二、国内废金属回收量逐步增长

2002~2010年，国内共回收废旧有色金属1669万吨。其中，回收废铜556万吨、废铝768万吨、废铅298万吨、废锌47万吨。

三、产量快速增长

近年来，中国再生金属产业持续快速发展，总产量由2002年的235万吨增至2011年的835万吨，增长了255.32%，年均增长率达25.53%。2002~2011年再生金属产量累计达到4290吨。再生金属产业已经成为中国有色金属工业的重要组成部分。

第三节 国际交流成果丰硕

中国再生有色金属产业国际化程度较高，中国每年进口废铜、铝等金属数百万吨，占全球流通领域的1/3以上。

中国有色金属工业协会再生金属分会积极与国际回收局(BIR)、美国废料回收工业协会（ISRI）这两个世界最大的再生资源行业组织建立了长期密切的协作关系。每年组织中国再生有色金属企业考察团到国外考察交流。作为国内最大的再生有色金属行业考察团，2008年度有近40家企业60余位代表赴美国和欧洲进行商务考察活动，参加了美国废料回收工业协会年会、国际回收局2008年春季会议与展会，并对国外大型料场进行了实地考察。在美国考察期间，中国企业与海外企业进行了座谈，就共同关注的问题进行了深入的讨论。出国考察在促进中国再生有色金属行业的国际交流与合作、学习和了解国外先进技术与装备方面取得了丰硕成果。2009年4月5日，国内企业在行业协会的组织下组团参加了在美国召开的ISRI会议和在迪拜召开的BIR会议，并组织企业参观了美国、英国和阿联酋的知名废金属供货和生产企业，帮助国内再生有色金属行业在全球金融危机的恶劣贸易环境下建立了新的供求渠道。通过出国考察，加强了与国际回收局和美国废料回收工业协会等国际组织的沟通，并与英国废金属回收协会建立了合作关系，增进了双方的友谊。

目前，中国已经连续十一届成功举办了再生金属国际论坛和展览交易会，成为世界上最隆重的再生金属行业专业论坛和规模最大的再生金属行业专业展。2008 年，在全球金融危机影响严重，国内外诸多论坛、展览被迫取消或减小规模的情况下，在北京举办的第八届再生金属论坛及展览会依然达到860 人的参会规模。其中，有近240 名外宾参加，参展企业数量创历史新高。论坛期间，中国有色金属工业协会再生金属分会、国际回收局、美国废料回收工业协会共同组织召开了“全球金融危机下中国再生金属进出口贸易座谈会”，就维护国际废金属贸易秩序发起了倡议，并达成共识，为中国再生金属产业应对严峻经济形势的挑战搭建了良好的信息和沟通平台。再生金属国际论坛和展览交易会已经成为国内外再生有色金属同行交流的重要平台。

第二篇

性质与用途

再生有色金属是指以废旧金属制品和工业生产过程中的金属废料为原料炼制而成的有色金属及其合金，又称二次有色金属。再生有色金属的性质与原生有色金属的性质相同，在生产过程中控制产品质量，应用领域和原生金属相同。

第一章　铜的性质与用途

纯铜的密度为 8.89g/cm^3，熔点为 1083℃，沸点为 2595℃，是一种坚韧、柔软、富有延展性的紫红色而有光泽的金属，1g 的铜可以拉成 3000m 长的细丝，或压成十几平方米几乎透明的铜箔。纯铜的导电性和导热性很高，仅次于银，但铜比银要便宜得多。铜的颜色很像金，但发红，铜离子的颜色为蓝色。铜在干燥空气中稳定，可保持金属光泽。但在潮湿空气中，表面会生成一层铜绿（碱式碳酸铜，分子式：$Cu_2(OH)_2CO_3$），保护内层的铜不再被氧化。铜从矿石到制品的各种形态见图 2-1 ~ 图 2-8。

图 2-1 铜矿石

图 2-2 阴极铜

图 2-3 裸铜线

图 2-4 铜棒

图 2-5 铜电线

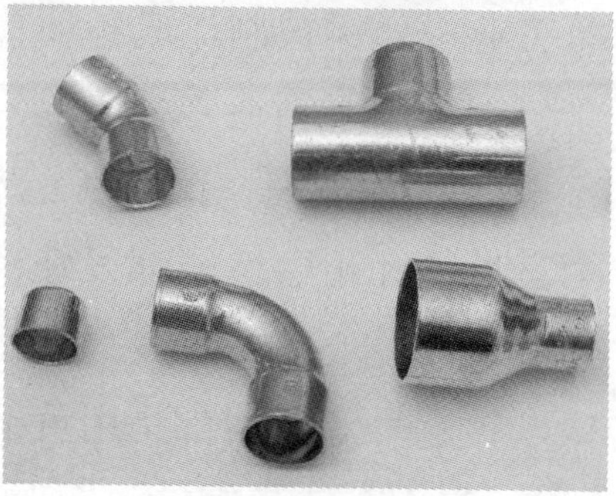

图 2-6 铜水管管件

图 2-7　废杂铜

图 2-8　含铜无壳废电机

铜被广泛地应用于电气、轻工、机械制造、建筑工业、国防工业等领域，在国内有色金属材料的消费中仅次于铝。铜在电器、电子工业中应用最广、用量最大，占总消费量50%以上，用于各种电缆和导线、电机的绕阻，开关以及印刷线路板等。在机械和运输车辆制造中，铜用于制造工业阀门和配件、仪表、滑动轴承、模具、热交换器和泵等。在化学工业中，铜广泛应用于制造真空器、蒸馏锅、酿造锅等。在国防工业中，铜用以制造子弹、炮弹、枪炮零件等。在建筑工业中，铜被制作成各种管道、管道配件、装饰器件等。

铜可用于制造多种合金，铜的重要合金有以下几种：

（1）黄铜——铜与锌的合金，因色黄而得名。黄铜的力学性能和耐磨性能都很好，可用于制造精密仪器、船舶的零件、枪炮的弹壳等。黄铜敲起来声音很好听，因此锣、钹、铃、号等乐器都是用黄铜制作的。

（2）航海黄铜——铜与锌、锡的合金，抗海水侵蚀，可用来制作船舶的零件、平衡器。

（3）青铜——铜与锡的合金，因色青而得名。青铜一般具有较好的耐腐蚀性、耐磨性、铸造性和优良的力学性能。用于制造精密轴承、高压轴承、船舶上抗海水腐蚀的机械零件以及各种板材、管材、棒材等。青铜还有一个反常的特性“热缩冷胀”，用来铸造塑像，冷却后膨胀，可以使眉目更清楚。

（4）磷青铜——铜与锡、磷的合金，坚硬，可制作弹簧。

（5）白铜——铜与镍的合金，其色泽和银一样，银光闪闪，不易生锈。常用于制造硬币、电器、仪表和装饰品。

（6）十八开金（18K 金或称玫瑰金）——6/24 的铜与 18/24 的金的合金。红黄色，硬度大，可用来制作首饰、装饰品。

铜在工业中的应用主要有：

（1）电力输送。电力输送中需要消耗大量的高导电性铜，主要用于动力电线电缆、变压器、开关、接插元件和连接器等。在电线电缆的输电过程中，由于电阻发热而白白浪费电能。从节能和经济的角度考虑，目前世界上正在推广最佳电缆截面标准。中国在过去一段时间内，由于钢供不应求，考虑到铝的比重只有铜的 30%，在希望减轻重量的架空高压输电线路中曾采取以铝代铜的措施。目前，从环境保护考虑，空中输电线将转为铺设地下电缆。在这种情况下，铝与铜相比，存在导电性差和电缆尺寸较大的缺点，而相形见绌。

（2）电机制造。在电机制造中，广泛使用高导电和高强度的铜合金。主要用铜部位是定子、转子和轴头等。在大型电机中，绕组要用水或氢气冷却，称为双水内冷或氢气冷却电机，这就需要大长度的中空导线。

（3）通信电缆。20 世纪 80 年代以来，由于光纤电缆载流容量大等优点，在通信干线上不断取代铜，而迅速推广应用。但是，把电能转化为光能，以及输入用户的线路仍需使用大量的铜。随着通信事业的发展，人们对通信的依赖越来越大，对光纤电缆的需求不断增加。

（4）住宅电器线路。近年来，随着人民生活水平的不断提高，家电迅速普及，住宅用电负荷增长很快。1987 年居民用电量为 269.6 亿千瓦时（1 度 =1 千瓦时），10 年后的 1996 年猛升到 1131 亿千瓦时，增加 3.2 倍。尽管如此，与发达国家相比仍有很大差距。例如，1995 年美国的人均用电量是我国的 14.6 倍，日本是我国的 8.6 倍。中国居民用电量今后将仍有很大发展。

（5）集成电路。微电子技术的核心是集成电路。集成电路是指以半导体晶体材料为基片（芯片），采用专门的工艺技术将组成电路的元器件和互连线集成在基片内部、表面或基片之上的微小型化电路。这种微电路在结构上是最紧凑的分立元件电路在尺寸和质量上的千万分之一。它的出现引起了计算机的巨大变革，已采用铜代替硅芯片中的铝作互连线，取得了突破性进展。这种用铜的新型微芯片，可以获得 30% 的效能增益，电路的线尺寸可以减小到 0.12μm，可使在单个芯片上集成的晶体管数目达到 200 万个。这就为古老的金属铜，在半导体集成电路这个最新技术领域中的应用，开创了新局面。

(6) 计算机。信息技术是高科技的前导。它依靠的是现代人类智慧的结晶——计算机这个工具，对瞬息万变、浩如烟海的信息进行加工和处理。计算机的心脏由微处理器（包含运算器和控制器）和存储器组成。这些基本部件（硬件）都是大规模集成电路，在微小的芯片上分布着千万个相互连接的晶体管和大量的信息储存。这些集成电路的芯片要通过引线框架和印刷电路组装起来才能进行工作。铜和铜合金不但是引线框架、焊料和印刷电路板中的重要材料，而且还能够在集成电路的微小元件互连中起重要作用。

(7) 超导和低温。一般材料（除半导体以外）的电阻随温度降低而减小，当温度降得很低时，某些材料的电阻会完全消失，这种现象称为超导性。出现超导性的这个最高温度称为该材料的超导临界温度。超导性的发现为电的利用打开了一个新天地。因为电阻为零，所以只要施加一个很小的电压就可以产生十分巨大（理论上是无限大）的电流，获得巨大的磁场和磁力；或者当电流通过它时，不发生电压的降低和电能的损耗。

(8) 航天技术。火箭、卫星和航天飞机中，除了微电子控制系统和仪器、仪表设备以外，许多关键性的部件也要用到铜和铜合金。例如：火箭发动机的燃烧室和推力室的内衬，可以利用铜的优良导热性来进行冷却，以保持温度在允许的范围内。亚里安那 5 号火箭的燃烧室内衬，用的是铜银合金，在这个衬筒内加工出 360 个冷却通道，火箭发射时通入液态氢进行冷却。此外，铜合金也是卫星结构中承载构件用的标准材料。卫星上的太阳翼板通常是由铜与其他几个元素的合金制成的。

第二章　铝的性质与用途

铝为银白色轻金属，密度为 2.70g/cm^3、熔点为 660℃、沸点为 2327℃，有延展性，商品常制成棒状、片状、箔状、粉状、带状和丝状。在潮湿空气中能形成一层防止金属腐蚀的氧化膜。铝粉和铝箔在空气中加热能猛烈燃烧，并发出炫目的白色火焰。易溶于稀硫酸、硝酸、盐酸、氢氧化钠和氢氧化钾溶液，不溶于水。

铝消费方向主要有铝材、导体、铝铸件和炼钢用铝等。只要严格分拣杂铝来料和控制工艺参数，再生铝与电解铝具有相同的使用效果，再生铝的生产和应用主要是铝铸件和压铸件。铝从矿石到制品的各种形态见图 2-9 ~ 图 2-16。

图 2-9　铝土矿

图 2-10　铝锭

图 2-11　铝铆钉

图 2-12　铝散热片过渡件

图 2-13　铝制轮毂

图 2-14　铝制易拉罐

图 2-15　废铝制轮毂

图 2-16　废铝制易拉罐压块

由于铝有多种优良性能，因而铝有着极为广泛的用途：

（1）铝的密度很小，仅为 2.7g/cm^3，虽然它比较软，但可制成各种铝合金，如硬铝、超硬铝、防锈铝、铸铝等。这些铝合金广泛应用于飞机、汽车、火车、船舶等制造工业。此外，宇宙火箭、航天飞机、人造卫星也使用大量的铝及其合金。例如，一架超音速飞机约由 70% 的铝及其合金构成。船舶建造中也大量使用铝，一艘大型客船的用铝量常达几千吨。

（2）铝的导电性仅次于银、铜，虽然它的电导率只有铜的2/3，但密度只有铜的1/3，所以输送同量的电，铝线的质量只有铜线的 50%。铝表面的氧化膜不仅有耐腐蚀的能力，而且有一定的绝缘性，所以铝在电器制造工业、电线电缆工业和无线电工业中有广泛的用途。

（3）铝是热的良导体，它的导热能力比铁大 3 倍，工业上可用铝制造各种热交换器、散热材料和炊具等。

（4）铝有较好的延展性（它的延展性仅次于金和银），在 100 ~ 150℃时可制成薄于 0.01mm 的铝箔。这些铝箔广泛用于包装香烟、糖果等，还可制成铝丝、铝条，并能轧制各种铝制品。

（5）铝的表面因有致密的氧化物保护膜，不易受到腐蚀，常被用来制造化学反应器、医疗器械、冷冻装置、石油精炼装置、石油和天然气管道等。

（6）铝粉具有银白色光泽（一般金属在粉末状时的颜色多为黑色），常用来做涂料，俗称银粉、银漆，以保护铁制品不被腐蚀，而且美观。

（7）铝在氧气中燃烧能放出大量的热和耀眼的光，常用于制造爆炸混合物，如铵铝炸药（由硝酸铵、木炭粉、铝粉、烟黑及其他可燃性有机物混合而成）、燃烧混合物（如用铝热剂做的炸弹和炮弹可用来攻击难以着火的目标或坦克、大炮等）和照明混合物（如含硝酸钡68%、铝粉28%、虫胶4%）。

（8）铝热剂常用来熔炼难熔金属和焊接钢轨等。铝还用做炼钢过程中的脱氧剂。铝粉和石墨、二氧化钛（或其他高熔点金属的氧化物）按一定比率均匀混合后，涂在金属上，经高温煅烧而制成耐高温的金属陶瓷，它在火箭及导弹技术上有重要应用。

（9）铝板对光的反射性能也很好，反射紫外线比银强；铝越纯，其反射能力越好。因此，常用来制造高质量的反射镜，如太阳灶反射镜等。

（10）铝具有吸音性能，音响效果也较好，所以广播室、现代化大型建筑室内的天花板等也采用铝来制造。

（11）耐低温，铝在温度低时，它的强度反而增加而无脆性。因此，它是理想的用于低温装置材料，如冷藏库、冷冻库、南极雪上车辆、氧化氢的生产装置。

第三章　铅的性质与用途

铅是银白色的金属（与锡比较，铅略带一点浅蓝色），十分柔软，用指甲便能在它的表面划出痕迹。用铅在纸上一划，会留下一条黑道。在古代，人们曾用铅作笔。“铅笔”的名字，便是从这儿来的。铅是密度较大的金属之一，密度 11.68g/cm^3，铅球那么沉，便是用铅做的。子弹的弹头也常灌有铅，因为如果太轻，在前进时受风力影响会改变方向。铅的熔点也很低，为 327.4℃，放在煤球炉里也会熔化。

铅的沸点为 1750℃，展性良好，易与其他金属形成合金。铅最大的特性是能吸收射线，如 X 射线和 γ 射线等。常见的化合价为 +2、+4。在空气中铅表面会生成碱式碳酸铅，这些化合物阻止了铅的进一步氧化。铅是两性金属，可形成各种铅酸盐。铅能与 H_2SO_4 和 HCl 作用在表面形成几乎不溶的 $PbSO_4$ 和低温下不溶的 $PbCl_2$，防止铅继续被腐蚀。二价铅的标准电极电位为 -0.128V，电化当量为 3.8657 g/(A·h)。铅很容易生锈——氧化。铅经常是呈灰色的，就是由于它在空气中，很容易被氧气氧化成灰黑色的氧化铅，使它的银白色的光泽渐渐变得暗淡无光。不过，这层氧化铅形成一层致密的薄膜，防止内部的铅进一步被氧化。也正因为这样，再加上铅的化学性质又比较稳定，因此铅不易被腐蚀。在化工厂里，常用铅来制造管道和反应罐。著名的制造硫酸的铅室法，便是因为在铅制的反应器中进行化学反应而得名的。铅从矿石到制品的各种形态见图 2-17 ~ 图 2-20。

金属铅的重要用途是制造蓄电池。据不完全统计，1971 年，铅的世界年产量达 308.3 万吨。其中，大部分是用来制造蓄电池。在蓄电池里，一块块灰黑色的负极都是用金属铅

图 2-17　方铅矿

图 2-18　铅锭

图 2-19　铅酸蓄电池

图 2-20　废铅酸蓄电池

做的。正极上红棕色的粉末，也是铅的化合物——二氧化铅。一个蓄电池，需用几十斤铅。飞机、汽车、拖拉机、坦克，都是用蓄电池作为照明光源。工厂、码头、车站所用的“电瓶车”，这“电瓶”便是蓄电池。广播站也要用许多蓄电池。

铅还能很好地阻挡 X 射线和放射性射线。在医院里，大夫做 X 射线透视诊断时，胸前常有一块铅板保护着；在原子能反应堆工作的人员，也常穿着含有铅做的大围裙。铅具有较好的导电性，被制成粗大的电缆，输送强大的电流。铅字是人们熟知的，书便是用铅字排版印成的，然而，“铅字”并不完全是铅做的，而是用活字合金浇铸成的。活字合金一般含有5% ~30%的锡和10% ~20%的锑，其余则是铅。加了锡，可降低熔点，便于浇铸。加了锑，可使铅字坚硬耐磨，特别是受冷会膨胀，使字迹清晰。

保险丝也是用铅合金做的，在焊锡中也含有铅。

铅的许多化合物，色彩缤纷，常用作颜料，如铬酸铅是黄色颜料，碘化铅是金色颜料（与硫化锡齐名）。至于碳酸铅，早在古代就被用作白色颜料。考古工作者发掘到的古代壁画或泥俑，其中人脸常是黑色的。经过化学分析和考证，证明这黑色的颜料是铅的化合物——硫化铅。其实，古代涂上去的并不是黑色的硫化铅，而是白色的碳酸铅。只不过由于长期受空气中微量硫化氢或墓中尸体腐烂产生的硫化氢的作用，才逐渐变成了黑色的硫化铅。这一方面说明碳酸铅作为白色颜料的历史很悠久；另一方面也说明碳酸铅作白色颜料有很大的缺点——变黑。铅的最重要的有机化合物是四乙基铅，常用作汽油的防爆剂。

第三篇

金属废料回收体系和园区建设

第一章　国内金属废料回收交易市场

随着中国经济的快速发展，国内各种废旧物资如废钢、废有色金属、废塑料、废纸等大量产生。据统计，2006 年全国共回收废有色金属 206 万吨。如何有效实现国内废旧物资的回收利用，成为当今社会实现可持续发展的重要课题。原生矿产资源开发的有限性导致的资源短缺在很大程度上制约着中国经济的发展。大力开展国内再生资源回收利用，既可以减少对原生资源的开采，节约大量资源，又可以推动经济增长方式的转变，促进以"资源—产品—再生资源"为主要内容的循环经济的发展。这就促使中国废物回收网点和交易市场应运而生。

随着中国市场经济的发展，在计划经济体制下形成的回收利用网络逐步淡化，遍布全国城乡的物资系统和供销系统的垂直管理体系已经消失，而新的管理体系尚未建立起来。2003 年，国家经贸委等部门下发了《关于促进中国旧货行业发展的意见》，取消了废旧物资的特种行业经营许可证，这一意见导致企业、个体工商户和个人不管具备什么条件，都纷纷从事废旧物资经营，导致这个行业鱼龙混杂，恶性竞争，市场秩序混乱。据统计，中国再生资源回收企业有5000家，有94.4%为单体经营的个体商户，回收网点16万个，回收加工厂3000多个，从业人员140万人，若加上农民工，从业人员达1800万人。但形成一定规模的再生资源企业不足500家，年销售额达到亿元以上的只有50多家，而销售额超过百亿元的大型再生资源企业只有不到10家。随着国内回收业的兴起，各种类别的废旧物资交易市场像雨后春笋般地发展起来，对废金属回收交易市场，先后兴起了河北保定、浙江永康、湖南汨罗、河南长葛和山东临沂等废旧物资交易市场。这些地区的回收业以民营企业为主，完全靠自发形成，以回收国内产生的各类废旧物资为主营业务，进行简单的拆解和分类后即出售，从中赚取微薄的市场差价。汨罗市再生资源市场源远流长。20世纪90年代中期，汨罗市再生资源回收利用行业的从业者达万余人，特别是汨罗的新市、古培、城郊等乡镇，逐步形成了以新市为中心，沿汨罗新大道纵向延伸的交易市场。长葛市大周镇就是全国闻名的国内废旧金属集散地。在大周镇，南北一条近3km马路两旁，几乎家家户户都从事着金属回收的生意。改革开放以后，当地农民意识到收废品能挣钱，就开始组织农民骑着自行车，到处收废旧金属，大家收来的废旧金属，进行简单分选、归类后集中卖到各地。就这样一点点发展，在经济相对落后的地区仍然发挥了废旧物资集中的优势，以废金属为主的交易市场。目前，已经建成了山东临沂、湖南汨罗、河南长葛、四川新津、浙江永康、广东南海等废旧物资交易市场。此外，安徽亳州、辽宁大石桥、重庆市也建设了废旧物资交易市场。

为了规范废旧物资回收市场，商务部出台了《再生资源回收管理办法》，在全国26个城市开展再生资源回收体系建设试点工作和建立信息管理系统，要求试点城市90%以上回收人员纳入规范化管理，90%以上社区设立规范的回收站点，90%以上的再生资源进入指定市场进行规范化的交易和集中处理。争取用五年时间，在试点城市建成较为完善的再生资源回收体系，再生资源主要品种回收率达80%，实现再生资源回收的产业化。

第二章　再生资源加工园区

自20世纪90年代以来，在中国沿海经济发达的浙江省台州地区，进口废旧金属拆解逐步发展起来，形成了一个行业，并迅速地在沿海其他地区如广东、江苏、天津、上海等地区发展。为了规范拆解行业，使其朝着健康有序的方向发展，原国家环境保护总局等部门于1996年颁布了《废物进口环境保护管理暂行规定》，规定进口废电机、废电线电缆、废五金电器（下称第七类废物）必须是国家环保总局核定的加工利用定点企业，当时全国共有定点企业500多家。《暂行规定》的颁布，对规范行业发展，完善管理制度，加强环境保护起到了重要作用。然而，全国500多家定点加工企业分散全国各地，缺乏行之有效的监督管理，随着国家对环境保护工作的日益重视，进口废物环境保护监督工作将日趋强化。为规范行业发展、完善管理制度、加强环境保护，创建再生资源加工园区，一个集管理、加工、污染物处理于一体的园区，既可节省大量国内资源，又可保护环境，具有非常明显的经济效益、环境效益和社会效益。

2002年9月，原国家环保总局污控司在宁波召开了再生资源加工园区座谈会，就加工园区的发展方向、园区模式等热点问题进行了广泛的讨论。会议认为，为了指导加工园区的建设，应尽快制定再生资源加工园区环境保护指导意见，受原国家环保总局污控司的委托，中国有色金属工业协会再生金属分会于2003年初完成了《指导意见》的起草工作。在此基础上，原国家环保总局于2005年公布了《关于促进对国家限制进口的可用作原料的废五金电器、废电线电缆、废电机圈区管理的指导意见（征求意见稿）》，2005年原国家环保总局公布了《废弃机电产品集中拆解利用处置区环境保护技术规范》。目前，已有宁波镇海、江苏太仓、福建漳州、浙江台州和天津子牙建设了再生资源加工园区。原国家环保总局又先后在2006年和2007年批准同意河北文安、广东江门、肇庆和梅州、山东烟台、广西梧州和玉林、江西鹰潭等地开发建设再生资源加工园区；批准江苏张家港建设废汽车压件拆解试点园区。除了上述国家批准建设的园区外，广东清远、辽宁沈阳、河北大成等园区建设也已初具规模。

此外，一些专业化的园区如安徽阜阳的再生铅、江西丰城的再生铝、湖南永兴的贵金属园区也都在加紧建设。

原国家环保总局于2003年又确认浙江宁波再生资源加工园区为国家环保总局试点园区；2007年授予天津子牙环保产业园为国家环保总局的“圈区管理”园区；山东烟台、广东肇庆、河北文安园区于2007年通过了国家环境保护部的验收。这些进口再生资源加工园区的建设对解决国内资源短缺状况，减少原生资源开发和废弃物排放起到了重要的作用。

第三章　建设再生资源加工园区的意义

建设再生资源加工园区的意义有：

（1）加工园区是再生资源加工行业的发展方向。对进口再生资源加工企业实行圈区集中开发建设，是原国家环保总局基于中国再生资源综合利用行业现状而做出的科学决策。建区的意义主要基于两大战略即资源利用战略和环境保护战略，两大优势即管理优势和效益优势。

（2）加工园区形成集约化的资源循环利用系统。从资源利用战略上看，进口再生资源加工成为高级材料和最终产品，对解决国内资源短缺状况，减少原生资源开发；对减少废弃物排放，控制环境污染的蔓延，对发展资源综合利用新型产业，都具有重大的战略意义。再生资源加工园区在中国已初具规模，入园企业应尽量采取先进工艺，建设环保设施，做到土地集约利用。从废物的收集、拆解、到深加工形成一个循环的产业链，使企业朝规模化、现代化、科学化方向发展，将园区建设成为世界一流的再生资源加工园区。

（3）加工园区提供了专业化的资源回收和处理设施。加工园区集中于对进口废电机、废电线电缆、废五金电器的拆解和深加工，专业化比较强。废电机的拆解有热洁炉、拉铜机；废电线电缆的拆解有剥线机、铜米机。有利于提高资源的回收利用和废物的集中处理。而再生铜、铝、铅、锌的深加工企业采用先进的设备和完善的污染治理设施，使园区在装备水平、生产工艺、治理能力等方面都处于领先地位，有利于整个园区综合水平和素质的提高。

（4）加工园区提供了一体化的服务。在加工园区中设立环保、海关、质检监管区，有利于加工园区环保、海关、质检的统一监管。监管区只设一个进口、一个出口，实行园区封闭式卡口监控管理。进口再生资源集装箱在监管区内接受环保、海关和质检的查验，办理通关手续。园区实行与海关、质检计算机联网，通过监管区内安装的视频监控系统，进行现场监录，保存数据资料，严格防止漏检、错检，既方便客户报关，又加快了通关速度。在进区企业管理中，明确了国家的有关产业政策规定，实行严格的企业准入制度，有利于在政策法规、资源利用、市场供求、发展方向等方面为企业提供优质的一体化服务。

（5）加工园区提供了共享化的配套设施。再生资源加工园区的环境保护设施应当高起点、高标准。严格按环保规定进行规划、施工及管理。由于园区内统一建设了污水处理厂、固废焚烧中心、垃圾处理设施和危险废物集中储存库等环境治理设施，园区内水要做到逐级利用和循环使用，园区内产生的废物要交换利用，园区不能处理的固体废物，要运送到统一的垃圾焚烧厂或填埋场进行处理。凡有焚烧设备的，烟气要达标排放。

园区为入园企业提供公共基础设施和污染防治设施，这样有利于对企业生产过程中产生的“三废”进行严格的治理，有效防止低标准治理和污染物扩散现象的发生。

(6) 加工园区有利于防止废物走私、倒卖批文。园区实行“四不准”的封闭管理模式，即：1) 园区企业的进口批准证书的进口口岸只允许临近港口。2) 口岸到港货物至园区运输途中，不准随意转运。3) 园区企业不准将未经彻底拆解的货物运出园区大门。4) 园区企业不准使用园区外的进口废物批准证书。这样最大限度地防止废物走私和倒卖批文现象的发生，便于集中监管。园区管理有利于对企业的进出口渠道、资源利用、生产过程、产品销售和环境保护等方面实行全过程监控，可大大提高管理效率和管理水平。加上园区内废物利用企业相对集中，便于企业间相互监督。

(7) 加工园区有利于职工的劳动保护和安全防护。加工园区员工生活区建设。在员工生活区内，有标准员工宿舍楼、公共食堂、公共浴室、幼儿园、日用品商店和各种文体娱乐设施，以及为外来客户配套的服务场所。生活区与加工区要分离，为保障员工生活安全，园区在加强自身安全保卫工作的同时，公安部门还要在园区设立警务点。

园区要为员工发放统一的工作服和劳保用品，定期为员工进行体检；园区要配合有关部门定期、不定期对企业管理人员和生产工人进行环保工作的教育、培训，增强管理人员和生产工人对再生资源作用的认识，提高员工的资源意识和环境保护意识。

第四章 国内回收体系和加工园区的基本情况

目前，中国已建成的进口再生资源加工园区有宁波镇海、江苏太仓、天津子牙、浙江台州、福建漳州、河北文安、山东烟台、江西鹰潭、广西梧州和玉林、广东肇庆、清远、江门和梅州、辽宁沈阳等15个再生资源加工园区。已建成的、规模较大的国内再生资源集散市场有湖南汨罗、山东临沂、河南长葛、浙江永康、四川新津5个集散市场。具体情况见表3-1和表3-2。

表3-1 国内废旧物资回收交易市场基本情况

市场名称	基本情况	企业数量/家	从业人员/万人	交易量/万吨	交易额/亿元
湖南汨罗再生资源集散市场	该交易市场占地面积2000多亩，并形成了遍及全国的收购网络。主要是将回收的废杂金属分选后再销售到浙江、广东和四川等加工企业。2005年汨罗市的废旧物资交易市场被国家发改委评定为第一批国家循环经济试点园区	1000	3	60	60

续表 3-1

市场名称	基本情况	企业数量/家	从业人员/万人	交易量/万吨	交易额/亿元
河南长葛废旧物资交易市场	河南长葛是有色金属再生利用行业的重要基地，并逐步形成了一个全国性的回收网络。长葛已形成了四大市场：中原有色金属交易市场，中州铝型材市场、不锈钢市场和金属炉料市场	1000	4	40	40
山东临沂废金属交易市场	由山东金升有色集团有限公司投资组建的华东有色金属城于2005年成立，占地面积560亩，主要功能是资源的收集、储运、交易。以回收国内的废金属为主。市场交易区域按废金属品种划分若干区	800	2	30	30
浙江永康废旧金属交易市场	永康素有中国五金科技城之称，工业体系完整，以废金属回收、分选、贸易到熔炼和深加工，形成了完整的产业链。从国内外收集废金属拆解和分选后再销售给浙江地区的金属加工企业	500	5	50	50
四川新津县废旧金属回收加工交易市场	新津县废旧金属回收加工行业已具备相当规模，具有较大的市场影响力，成为西部地区最大的交易市场。从经营范围来看，新津市场主要从事国内的废旧金属经营，从企业来看，全县从事废旧金属回收的企业39家，加工型企业12家，全行业从业人员3000余人。2007年，全县废旧金属加工企业生产能力约30万吨，销售收入达120亿元，纳税额4000余万元	51	0.3	30	30

表 3-2 国内主要进口再生资源加工园区

园区名称	基本情况	特点	园区企业数量/家	废金属年加工能力/万吨
宁波再生资源加工园区	园区始建于 2001 年，总投入资金 8 亿元。园区面积 3000 亩，其中绿化面积 990 亩，均是围海造田的围垦区，园区以拆解废金属为主，园区设立管委会及开发公司，设立了海关监管区、拆解加工区、员工生活区和污水固废处理区。园区引进 IBM 服务器实现环保海关质检计算机联网，目前正在开发第三期工程	宁波园区是宁波市镇海区政府兴办的临港型物流园区；园区实行统一规划建设，统一建厂房出租给企业经营；2003 年原国家环保总局将宁波再生资源加工园区定为试点园区	64	120
天津子牙环保产业园	园区始建于 2002 年，总投资 8.5 亿元。园区近期规划面积 3400 亩，远期规划面积 5000 亩。入园企业主要经营废金属、废塑料。园区成立了管委会和开发公司，园区按功能分为拆解交易区，产品深加工区，污水处理区，功能服务区和生活服务区。设立了海关监管区	天津园区是天津市静海区规划建设；园区统一征地，再出售给企业建厂房。入园企业以当地七类定点企业为主；2007 年国家环保总局将天津园区定为圈区管理园区	78	90
河北文安东都再生资源环保产业园	河北文安东都产业园于 2006 年 3 月 8 日正式开工建设，园区总投资 8 亿元，目前已完成了“管理区、生产加工区、污染治理区”的建设。污染治理区包括：污水处理厂、固废焚烧炉、危险废物储存场和废水废气检测系统。园区成立了管委会和开发公司	园区主要投资方为北京市第五建筑工程有限公司；园区统一征地，规划，再出售给企业，按国家要求自行建设。2007 年通过原国家环保总局验收	16（第一期）	50

续表 3-2

园区名称	基本情况	特点	园区企业数量/家	废金属年加工能力/万吨
广东肇庆市亚洲金属资源再生工业基地	该工业基地总体规划占地面积3000亩，总投资10亿元，内设管理区、员工生活区、污染处置区、科研实验区、生产加工区。污水处理厂和废弃物封闭储存场已建成并投入使用，基地主要为废金属拆解，同时进行有色金属深加工	园区主要投资方为中外合资企业——肇庆市亚洲金属资源再生有限公司；园区统一征地规划，再出售给企业；2007年通过原国家环保总局验收	12（第一期）	80
烟台资源再生加工区	烟台资源再生加工区是烟台经济技术开发区管委会支持建设，总投资5亿元，园区严格按照《技术规范》要求建设，高起点规划，高标准建设，高效能管理，建设生产加工区、管理服务区、污染处理区，园区实现七通一平，海关、商检、环保联合入园，提供一条龙监管服务	园区主要投资方为烟台经济技术开发区管委会；园区统一征地，规划，再出售给企业；2007年通过原国家环保总局验收	16（第一期）	80
广西梧州再生资源加工园区	梧州进口再生资源加工园区规划面积1万亩，计划分二期建设，第一期建设5000亩，形成以铜铝拆解、深加工为主的有色金属加工产业	园区由广东几家企业联合投资；凡进园区设立的废五金加工拆解企业都能享受到当地多项的用地、厂房建设及税收等优惠政策	43	60

续表 3-2

园区名称	基本情况	特点	园区企业数量/家	废金属年加工能力/万吨
江苏太仓港再生资源进口加工园区	园区始建于1999年，总投资2.8亿元，首期规划面积4.4km^2，远期规划面积10km^2。入园项目以废金属、废纸、废塑料为主，多数为外资企业。园区建立统一的污水处理设施和固废处理设施，正在筹建海关质检监管区。园区成立了管委会	太仓园区是太仓市政府批准建设；园区实行统一征地，再将地出售给企业建厂房自行经营。目前，主要有两家外商企业，一家再生纸企业和一家再生铝企业	64	50
台州再生资源加工园区	园区于2003年筹建，总投资6.2亿元，占地面积1600亩。园区以拆解废金属为主。区内已汇集了数家大型的年拆解能力超过10万吨的企业。同时建设了铜、铝冶炼深加工企业	园区通过统一征地并出售给企业，由企业自建厂房、道路和硬化地面自主经营。园区还没有设立管委会及开发公司	40	150
福建全通资源再生工业园	园区始建于1999年，园区规划工业用地5000亩，专用码头400亩，注册资本6600万美元，其经营范围定为废旧物资拆解、熔炼、加工等。工业园分为四个功能区：码头仓储运输作业区、集中查验分选区、拆解厂区和熔炼厂区	园区由台资企业独家经营；建设起点高，厂房建设，地面硬化，污水处理设施俱全，但由于种种原因，年进口量很少，园区进展较慢	台资企业独家	50

续表 3-2

园区名称	基本情况	特点	园区企业数量/家	废金属年加工能力/万吨
广东清远再生资源基地	该基地是国家发改委批准的首批国家循环经济试点，是商务部建立城市现代再生资源回收利用体系的首批试点单位。目前已取得国家环保总局批准的废七类定点加工利用企业资质，并与世界各地的供货商建立了良好的合作关系，年加工拆解废电线电缆、废五金、废电机电器的能力达到50万吨以上，主要产品为再生铜、铝、钢铁、塑料等，直接供给国内大中型生产型企业	该基地由中再生总公司投资建设，管理模式：资源回收利用一体化、环境保护一体化，加工贸易信息化，公共服务一体化。管理模式：统一购进；园区拆解；统一销售		
辽宁沈阳中弘再生资源产业园	该产业园是国家循环经济（第二批）试点单位，商务部确定的中国沈阳国内回收体系建设的标志性工程，沈阳市政府年度工作报告确定的重大重点项目。规划用地 $3km^2$，园区建设期为四年，分三期实施，一期工程占地面积1000亩，二期工程占地面积1500亩，整个园区的进口拆解能力增加到100万吨；三期工程占地面积2000亩，有色金属冶炼深加工能力80万吨/年	提供完整的配套设施，设有交易中心、商务服务中心及污水、固废集中处理中心、科研培训中心和生活服务中心等功能。而且环保、海关、国检、公安、港务、银行、税务等有关单位在园区设有服务机构，可为企业提供“一站式”便捷服务		

第五章 国外废料回收料场的情况

再生资源加工园区的废金属主要靠国外进口，主要进口国家为美国、日本和欧洲各国。欧美国家的废物料场基本都是家族企业，并在全国各地建有若干料场。以往国内企业从国外进口废物多数是通过国外的代理商，这些代理商大多是华人，他们收取一定的中间费，造成有的中间商从中牟利。后来，国外供货商逐渐感觉到如果他们不能与国内企业直接做买卖，他们的利益得不到保障。于是，一些国外大的供货商逐渐开始在国内设立办事处，通过国内办事处直接与国内企业进行贸易。这样的办事处有 10 家，包括设在北京的 CMC（美国工商五金），设在上海的 Alter（美国奥特公司）、Sims（美国塞姆斯公司）、Emr（欧洲金属回收公司）、Smorgom（澳大利亚斯摩根公司）、Greenland（印度绿地公司）、芬兰 Kusakuski（芬兰公司）、LML（英国伦敦金属有限公司），以及设在宁波的 Ami（美洲金属公司）、Ecoregr（法国依柯公司）。国外公司在中国设立办事处，方便了国内企业和国外供货商之间的贸易往来，同时也带来了一些弊端。由于国外资源是有限的，而国内从事废物进口拆解的企业越来越多，势必造成无序竞争。因此，国外办事处给国内一些企业有意无意地钻政策空子提供了空间，通过海关的严打和查处专项活动，目前，这些国外企业在国内的办事处，除 CMC 和 Alter 外，都已撤离北京和上海，有的搬到香港。

这些办事处的撤离有可能将国外的废料转到印度或东南亚，从长远来说，对中国废料进口会有影响。

以下这些公司与中国园区内的企业都有很好的贸易往来。如：美国阿尔布特钢铁金属公司、美国奥特实业公司、美国 California Metal-X（CMX）公司、美国工商五金公司（CMC）、意大利 Pyrcco 金属回收公司、荷兰 Reukema 再生金属贸易有限公司、比利时 Sinomet Recycling S. A 金属回收公司、比利时 Partners Metal 公司。

第六章 "城市矿产"示范基地建设

"城市矿产"是指工业化和城镇化过程产生和蕴藏在废旧机电设备、电线电缆、通信工具、汽车、家电、电子产品、金属和塑料包装物以及废料中，可循环利用的钢铁、有色金属、稀贵金属、塑料、橡胶等资源，其利用量相当于原生矿产资源。"城市矿产"是对废弃资源再生利用规模化发展的形象比喻。

2010 年 5 月 12 日，国家发展和改革委员会、财政部联合发布文件《关于开展城市矿产示范基地建设的通知》（发改办环资〔2010〕977 号），公布了第一批国家"城市矿产"示范基地名单。2011 年 5 月 18 日，国家发展和改革委员会办公厅、财政部办公厅联合发布文件《关于印发第二批国家"城市矿产"示范基地初选名单及有关事项的通知》（发改办环资〔2011〕1116 号）公布了第二批国家"城市矿产"

示范基地初选名单和国家“城市矿产”示范基地实施方案编报指南。2012年7月26日，财政部发布《2012年园区循环化改造示范试点及第三批“城市矿产”示范基地拟支持单位公示》，对第三批“城市矿产”示范基地拟支持单位名单予以公示。截至2011年，我国已确定两批共22家示范基地。第二批单位获批后，我国“城市矿产”示范基地将达到28家。

第一节 开展“城市矿产”示范基地建设的重要意义

开展“城市矿产”示范基地建设是发展循环经济的重要内容。发展循环经济的根本目的在于提高资源利用效率，保护和改善环境，实现可持续发展。利用“城市矿产”资源能够形成“资源—产品—废弃物—再生资源”的循环经济发展模式，切实转变传统的“资源—产品—废弃物”的线性增长方式，是循环经济“减量化、再利用、资源化”原则的集中体现。

开展“城市矿产”示范基地建设是培育新的经济增长点的客观要求。随着中国全面建设小康社会任务的逐步实现，“城市矿产”资源蓄积量将不断增加，资源循环利用产业发展空间巨大。同时，利用“城市矿产”资源有助于带动技术装备制造、物流等相关领域发展，增加社会就业，形成新的经济增长点，是发展战略性新兴产业的重要内容。

第二节　“城市矿产”示范基地建设的主要任务和要求

通过5年的努力，在全国建成50个左右技术先进、环保达标、管理规范、利用规模化、辐射作用强的“城市矿产”示范基地（以下简称示范基地）。推动报废机电设备、电线电缆、家电、汽车、手机、铅酸电池、塑料、橡胶等重点“城市矿产”资源的循环利用、规模利用和高值利用。开发、示范、推广一批先进适用技术和国际领先技术，提升“城市矿产”资源开发利用技术水平。探索形成适合我国国情的“城市矿产”资源化利用的管理模式和政策机制，实现“城市矿产”资源化利用的标志性指标。

示范基地建设要按照可复制、可推广、可借鉴的要求，坚持多元化回收、集中化处理、规模化利用。具体要求有：

（1）回收体系网络化。示范基地要积极创新回收方式，通过自建网络或利用社会回收平台，形成覆盖面广、效率高、参与广泛的专业回收网络。

（2）产业链条合理化。示范基地要形成分拣、拆解、加工、资源化利用和无害化处理等完整的产业链条，着力资源化深度加工。推动示范基地内企业之间构建分工明确、互利协作、利益相关的产业链。

（3）资源利用规模化。示范基地要通过吸纳企业入园、重组兼并等方式，实现企业集群、产业集聚效应，提高产业集中度。要结合本地区实际，开展多种“城市矿产”资源的循环利用。

（4）技术装备领先化。示范基地要通过产学研相结合，开展共性关键技术开发，引进、消化、吸收国外先进技术，培育形成具有成套处理装备研发、设计、制造能力的企业。要加快推广应用先进适用技术，淘汰落后工艺、技术，向产品高端化发展。

（5）基础设施共享化。示范基地要加快建设完善的基础设施，实现“五通一平”，建立物流体系，组织搭建促进资源循环利用的公共服务、信息服务、技术服务等平台。

（6）环保处理集中化。示范基地要建立完善的污染防治设施，对废水、废气和固体废物实行集中收集和处理，严禁产生二次污染。支持示范基地开展清洁生产审核、质量管理体系和环境管理体系认证。

（7）运营管理规范化。示范基地要建立完善的规章制度和指标考核体系，建立符合现代企业制度要求的组织结构，实现行业管理规范化、高效化，切实解决单个企业“小、散、乱”的问题。

第三节　“城市矿产”示范基地名单

国家“城市矿产”示范基地第一、二批名单见表3-3。

表3-3 国家“城市矿产”示范基地名单

序号	第一批“城市矿产”示范基地名单	第二批“城市矿产”示范基地名单
1	天津子牙循环经济产业区	北京市绿盟再生资源产业基地
2	宁波金田产业园	河北唐山再生资源循环利用科技产业园
3	湖南汨罗循环经济工业园	辽宁东港再生资源产业园
4	广东清远华清循环经济园	大连国家生态工业示范园区
5	安徽界首田营循环经济工业区	上海燕龙基再生资源利用示范基地
6	青岛新天地静脉产业园	江苏邳州市循环经济产业园再生铅集聚区
7	四川西南再生资源产业园区	浙江桐庐大地循环经济产业园
8		福建华闽再生资源产业园
9		江西新余市钢铁再生资源产业基地
10		山东临沂金升有色金属（再生）产业基地
11		河南大周镇再生金属回收加工区
12		湖北谷城再生资源园区
13		广西梧州再生资源循环利用园区
14		重庆永川工业园区港桥工业园
15		宁夏灵武市再生资源循环经济示范区

第四篇

金属废料的分类、拆解和预处理

第一章　铜废料的分类、拆解和预处理

第一节　铜物料循环

图 4-1 所示的是原料循环流程，这对于在使用过程中不消耗的材料来说是有充分依据的，对在使用过程中不被损耗的任何材料都适用。它的主要成分如下：原材料是生产一次铜产品的矿石；一次生产，工程材料即熔炼、精炼的最终产品，主要是铸铜和准备拉拔的铜棒，准备用于加工制造；加工制造即商品生产；废品是被抛弃或不能再使用的产品；抛弃废品即把废品运送到废品堆积处，通常是垃圾场。相对于将铜废品送至垃圾场，铜废品的回收利用正在逐步增多。这主要受到铜的价值、日益增长的成本以及越来越少的垃圾场的刺激所致。

一、一次废铜

图 4-1 中箭头①指的是第一种类型的回收铜，称为一次

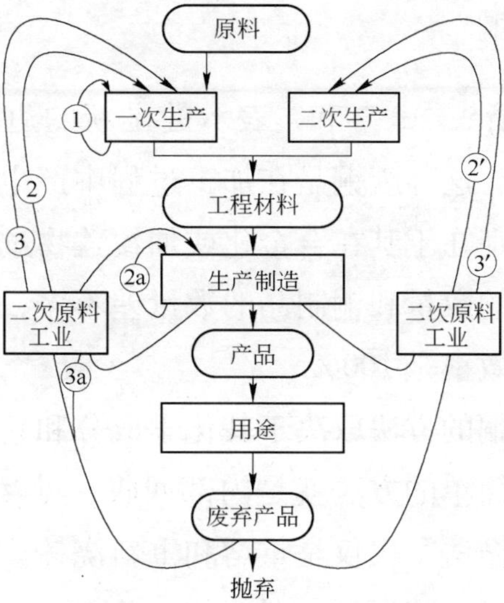

图 4-1 材料回收流程示意图

①——一次生产中的废铜；②，2a，2′—加工制造边角料或加工厂内部产生的废铜；③，3a，3′—旧的、消费者使用过的或工厂外部产生的废铜

废铜。这种铜对一次产品生产者来说不能进行深加工或出售，其实例是不合规格的阳极、阴极和坯料，其另一实例是阳极废品。

箭头①表明这种废料由一次产品生产者直接进行再处理，通常是将废料返回上一步工序。不合规格的铜通常重新返回转炉或阳极炉进行电解精炼，有缺陷的坯料则进行重熔和重铸。

因为，每年这种一次产品的废料量没有报道，所以很难统计。不过，各个厂家都在尽量减少废品量来降低回收费用。

二、新废铜

图 4-1 中箭头②、②a和②′表示的是新的边角料或工厂内部产生的废铜。这种废铜是在加工过程中产生的，它与一次废铜的主要区别在于其在合金化或加覆盖物过程中可能已被掺杂。新废铜的数量和铜制品的数量差不多，因为没有哪一种生产的过程效率是 100%。

处理新废铜的方法取决于其化学成分和它与其他材料的结合程度，最简单的方法就是内部回收，见②a，这是铸造过程中较普遍的做法。仅仅是重熔和重新浇铸。直接回收利用有如下优点：维持着所添加的合金元素（比如锌或锡）量。假如将其送入熔炉，则合金元素将会有所损失。降低了去除合金元素的成本。如果金属铜在熔炉里进行重新处理，则必须要去除合金元素。

对于废铜管和没有涂层的铜线也用类似的处理方法。

实际上，方法②a是回收新废铜的途径中最普遍的一种。美国新废铜大约有 90% 是通过这种途径回收的。

如果新废铜有不易去除的涂层或附属部分，或者加工设备不能直接重新利用的新废铜（生产线材的工厂没有熔炼设备），则可采用方法②和②′。

图 4-1 中所示的二次原料工业履行采矿和选矿职责，为一次铜生产服务。在许多情况下，仅仅是去除废铜表面涂层或附属部分，以利于加工车间再利用。如果需要提纯或精炼，则将清理后的废铜送至一次或二次熔炼炉、精炼炉。由

于这些设备生产阴极等级铜，废铜中的合金元素被去除。二次原料工业的具体处理过程在这一章的后续部分介绍。

三、旧废铜

图4-1中途径③、③a和③′表示的是废铜的最后一种类型，称为旧的、废弃的、用过的或（生产企业）外部产生的废铜。它来自已经达到其使用期限的产品。旧废铜是可回收利用的巨大潜在资源，它也比较难处理。

处理旧废铜面临的挑战包括：含铜量低，旧废铜通常与其他材料混合在一起并且必须将其从这些废料中分离出来；不可预知性，材料的供应天天变化，这样处理起来就比较困难；旧废铜分散在各个地方，而不像原始矿石或新废铜那样集中于某一特定地点。这样一来，旧废铜通常是被当作垃圾掩埋而不是被回收。

然而，从废弃物中收集铜（和其他金属）的动力正在增加，这主要是由于增加的成本和掩埋地点的匮乏所致。

第二节　废铜的等级和分类

废铜按照物理形态、名称分为七类，即Ⅰ类：纯铜废料；Ⅱ类：铜合金废料；Ⅲ类：汽车水箱；Ⅳ类：屑末；Ⅴ类：切片；Ⅵ类：带皮电线；Ⅶ类：含铜灰渣。按照每类废铜中的产品类型分成不同组别，每组按照废铜的名称来区分不同级别，具体见表4-1。

表 4-1 铜及铜合金废料分类表（GB/T 13587—2006）

废铜分类				要 求
类别	组别	废铜名称	废铜代号	
I 类：纯铜废料	废裸线	1 号铜线 No. 1 Copper Wire	Barley Berry	由裸铜线构成的废铜料。 1 级：由无绝缘皮、无合金的纯铜线（无涂层）组成。铜线直径大于 1.6mm。 2 级：由洁净、无锡、无合金的纯铜线和铜电缆线（无涂层）组成。铜线直径大于 1.6mm。不允许含有烧过的易碎的铜线
		2 号铜线 No. 2 Copper Wire	Birch	由无合金的裸铜线组成的废铜料。 含铜量为 96%（最小含量 94%）。 允许含有纯铜杂料。 不允许含有过分镀铅、镀锡的铜线、焊接过的铜线、黄铜和青铜线、绝缘铜线、过多的细丝线和脆的过烧线。 不允许夹杂铁（含钢）和非金属物质，过多的油。 需用适当方式清除尘垢
		废漆包线 Enamel Copper Wire		1 级：纯漆包线，无杂质。 2 级：经过焚烧脱漆，表面有氧化层，无杂质
	铜混合废料	特种紫杂铜 Special Scrap Copper		由纯铜零部件及其他各种纯铜制品（含纯铜裸线）构成的废料。 铜含量大于 99.95%。 不允许含有水垢、油污、涂层、油漆等其他杂质。 不得含有锡、铅及铜合金，也不许含有毛丝、车屑、磨屑和厚度小于 1 mm 的铜板

续表 4-1

废铜分类				要　求
类别	组别	废铜名称	废铜代号	
I 类：纯铜废料	铜混合废料	1 号紫杂铜 No. 1 Heavy Copper	Candy	由干净的、无合金、无涂层的加工下脚料、导电板以及直径大于 1.6mm 的铜线组成的废料。 允许带有洁净的铜管和其他纯铜块状料。 不得含有焚烧过的脆质铜线
		2 号紫杂铜 No. 2Heavy Copper	Cliff	由混杂的纯铜（不含铜合金）制品构成的废料。含铜量为 96%（最小含量 94%）。 不得含有：过多的铅和锡、焊接过的废铜、黄铜、青铜、过多的油、钢铁、非金属废料、带非铜接头的铜管或带有残渣的铜管、烧过的或有绝缘性的铜线、毛丝、焚烧后的脆质铜线、泥土等
	铜米重新做或去掉	1 号铜米 No. 1 Copper Wire Nodules	Clove	由 1 号铜线（无绝缘皮、涂层和合金）加工的铜米，最低含铜量为 99%。 不含锡、铅、锌、铝、铁及其他金属杂质。 无绝缘物，不含其他杂质
		2 号铜米 No. 2 Copper Wire Nodules	Cocoa	由无合金的铜线加工的铜米，最低含铜量为 99%。 不含过量的其他非金属和绝缘物。 金属杂质最大限量为：铝 0.05%、镍 0.05%、铁 0.05%、锡 0.25%、锑 0.01%
			Cobra	由 2 号无合金铜线加工的铜米。最低含铜量为 97%。 金属杂质铝含量不超过 0.5%，其他金属或绝缘物均不超过 1%

续表 4-1

废铜分类				要　求
类别	组别	废铜名称	废铜代号	
Ⅰ类：纯铜废料	废铜板	薄铜板 Light Copper	Dream	混杂的无合金的废铜板，含铜量为92%（最低含量88%）。 包括薄铜板、流水槽、落水管、铜壶、热水器等。 不允许含有：烧过的细铜线、镀铜件、镀铜板、磨屑料、未完全烧过的带有绝缘皮的电线、散热器、冰箱零件、印刷线路板、筛网；过量含铅、锡、焊料的废铜和黄铜、青铜；过量的油、铁（含废钢）和非金属、灰渣泥土
		废铜箔 Copper Foil		由铜箔厂和线路板厂产生的铜箔构成的废料。 1 级：纯废铜箔，无任何夹杂。 2 级：纯铜箔板，夹杂物的最大含量为3%。 3 级：纯铜箔板，含有黏结剂
Ⅱ类：铜合金废料	黄铜废料	普通废黄铜 Plain Brass		由普通黄铜零部件组成的废料。 1 级：按照牌号分类的普通黄铜零部件、块状废料。夹杂物小于1%。 2 级：由两种以上牌号的普通黄铜零部件和块状废料组成，杂质含量小于1%
		废水暖零件 Cocks and Faucets	Grape	由各式各样的红色黄铜和黄铜制成的干净的水暖件（包括镀铬或镀镍构件）组成的废料。 不得含有煤气开关（龙头）、啤酒的出酒嘴、以铝和锌为母材制成的水暖件。 半红黄铜零件不许超过35%

续表 4-1

废铜分类				要　求
类别	组别	废铜名称	废铜代号	
Ⅱ类：铜合金废料	黄铜废料	废黄铜铸件 Yellow Brass Castings	Ivory	由黄铜铸造的机械零件构成的废料。 不含黄铜锻件、硅青铜、锰青铜、铝青铜。 不得有含量超过 15% 的镀镍材料。 不容许铸件长度超出 300mm
		其他普通黄铜废料 Other Plain Brass		除普通黄铜之外的各种黄铜构成的废料。 不允许含有屑末。 夹杂物由供需双方商定。 1 级：按照牌号分类。 2 级：两种以上牌号的废料混合，如铅黄铜、铝黄铜等废料混合
		黄铜轴套 Genuine Babbitt-Lined Brass Bushings	Elder	由汽车或其他机械上的红色黄铜轴套和轴承组成的废料。 允许含有不小于 12% 的以高锡为基本材料的巴氏合金。 不允许含有铁衬里的轴承
		废黄铜管 Brass Pipe	Melon	由不带镀件与焊接材料的黄铜管组成的废料。 不允许含有沉淀物、冷凝管及用黄铜铸件连接的黄铜管。 管件应完整、洁净
		废海军黄铜管 Admiralty Brass Condenser Tubes	Pales	由洁净完整的海军黄铜冷凝管件构成的废料，电镀、非电镀的均可。 不允许含有镍合金、铝合金以及腐蚀材料
		废黄铜混合料 Yellow Brass Scrap	Honey	由黄铜铸件、轧制黄铜、棒材、管材和多种黄铜组成的废料，包括有镀层黄铜。 不允许含有锰青铜、铝青铜、非熔焊散热器及散热器部件、铁以及较脏和受腐蚀的材料

续表 4-1

废铜分类				要　求
类别	组别	废铜名称	废铜代号	
Ⅱ类：铜合金废料	特殊黄铜废料	黄铜炮弹壳 Brass Shell Cases		由发射过的炮弹壳构成的废料。 不含雷管及其他杂质。 牌号及成分由供需方商定
		带雷管的黄铜炮弹壳 Brass Shell Cases with Primers		由炮弹壳组成的废料。 允许炮弹壳带有雷管，但必须在合同中标出。 不含其他杂质
		黄铜子弹弹壳 Brass Small Arms and Rifle Shells		由发射过的黄铜子弹壳构成的废料。 不允许带弹头、铁和其他任何杂质。 牌号和成分由供需双方商定
	白铜废料	白铜废件 Nickel Silver		由按照牌号分类的铜镍合金管件、管、薄片、金属板、板坯或其他经过锻造的废件构成的废料。（铸件、阀门、浇冒口等，根据协议可以包括在内，但需分别包装）。 不允许带有其他附件和杂质。 废料中杂质含量为小于2%
	青铜废料	废锰青铜 Manganese Bronze Solids	Parch	由含铜量不少于55%、含铅量不超过1%的锰青铜块构成的废料。 不允许夹杂铝青铜和硅青铜
		废车辆轴瓦 Unlined Standard Red Car Boxes (Clean Journals)	Fence	由无衬里的和/或焊接的铁路机车轴瓦及无衬里的和/或焊接的车辆轴颈轴承构成的废料。 不允许混有黄铜轴瓦和铁衬里轴瓦
		废车辆轴瓦 Lined Standard Red Car Boxes (Lined Journals)	Ferry	由标准的巴氏合金衬里的铁路（红）轴瓦或巴氏合金衬里的车辆焊接轴承构成的废料。 不允许含黄铜轴瓦和铁衬里轴瓦

续表 4-1

废铜分类				要　求
类别	组别	废铜名称	废铜代号	
Ⅱ类：铜合金废料	青铜废料	其他青铜废料 Other Bronze		由除以上铜合金之外的废青铜组成的废料。 不含车屑、磨屑。 1 级：单一牌号的青铜废料，夹杂物小于 1%。 2 级：同一名称的青铜废料混合，如锡青铜的若干个牌号混合废料，夹杂物小于 1%。 3 级：不同名称的青铜废料混合在一起，如锡青铜和铝青铜废料混合在一起，夹杂物小于 1%
Ⅲ类：废水箱	废水箱	废铜水箱 Auto Radiators		由各种车辆铜（含铜合金）水箱构成的废料。 1 级：由纯铜或相同牌号合金废水箱组成，去掉所有的铁件。 2 级：由混合牌号的废汽车水箱，去掉所有的铁件。 以上不可混入铝水箱、铁水箱
Ⅳ类：铜及其合金新废料	铜及其合金新废料	纯铜废料 New Copper		由铜材加工厂和制造厂在加工制造过程中产生的纯铜废料构成，如边角料、切头、废次材、半成品、线材、废品等。 不允许混入车屑、磨屑和其他夹杂物。 1 级：表面光亮，无氧化、表面无污物及涂层、无油污。 2 级：表面有油污或氧化物，含量由供需双方商定。 3 级：表面有镀层、漆层

续表 4-1

废铜分类				要 求
类别	组别	废铜名称	废铜代号	
Ⅳ类：铜及其合金新废料	铜及其合金新废料	铜合金新废料 New Alloy Copper		由铜材加工厂、制造厂在生产过程中产生的铜合金废料构成，如边角料、切头、废次材、半成品、线材、废品等。 不允许含有车屑、磨屑和其他夹杂物。 1 级：单一牌号，表面无氧化、油污和涂层。 2 级：单一牌号，表面有氧化或油污、涂层。 3 级：两种以上牌号的混合废料，表面无氧化、油污或涂层。 4 级：两种以上牌号的混合废料，表面有氧化、油污或涂层
Ⅴ类：屑末	铜合金屑末	纯铜屑 New Copper Filings		由纯铜屑构成的废料。 1 级：不含油、水分、合金铜屑和杂质。 2 级：含有少量的油或水，不含其他杂质。 3 级：含有油、水或夹杂物，含量由供需双方商定
		铜合金屑 Alloy Copper Filings		由铜合金屑构成的废料。 1 级：单一牌号的铜合金屑，不含杂质、油和水。 2 级：单一牌号的铜合金屑，夹杂物小于 5%，可含少量的油或水。 3 级：混合的铜合金屑，不含杂质、油和水。 4 级：混合的铜合金屑，夹杂物小于 5%。可含少量的油或水

续表 4-1

类别	组别	废铜名称	废铜代号	要　求
Ⅵ类：切片	切片	重有色金属切片 High Density	Zebra	由分离出铁、铝等金属之后的重金属（包括铜、黄铜、锌、不锈钢和铜线）切片构成的混合物废料。 废料必须干燥，不过度氧化。 其中，含其他金属的种类及其百分比，非金属杂质的含量应由买卖双方商定
Ⅶ类：带皮的电线电缆	废电缆	废铅皮电缆、塑料皮电缆、橡胶皮电缆 Cable With Various Types of Insulation		电缆构成的含铜废料。 1 级：同一名称、同一规格、无夹杂物。 2 级：同一名称、不同规格、无夹杂。 3 级：混合废电缆，无夹杂
	废电线	废电线 Copper Wire Scrap		由电线组成的含铜废料。 1 级：同一名称、同一规格、无夹杂物。 2 级：同一名称、不同规格、无夹杂。 3 级：不同名称、不同规格的混合废电线
Ⅷ类：含铜灰渣	含铜灰	铜灰 Copper Ash		含铜的灰尘、烟尘等，铜含量由供需双方议定
	含铜渣	铜渣 Copper Dross		含铜的炉底结块、熔渣，铜含量由供需双方议定

第三节　废铜的预处理方法

一、电线和电缆线的处理

电线和电缆线到目前为止是旧废铜中最为普遍的一种。

正是因为这些，才有最先进的处理技术的存在。Nijkerk 和 Dalmijn 将废铜电线和电缆线分为三个类型：

(1) 地表以上即空中的，绝大部分是高压电缆。这些电缆线是高等级的（主要是铜，还有少量的绝缘部分）并且在构造上非常一致，很容易回收。

(2) 地表的，有各种各样的尺寸和覆盖物。它们通常是细电线，因此每千克铜的回收成本比电缆线要高。这些金属电线还常常和其他废弃物混合在一起，需要另外进行分离。典型的例子就是汽车上的电气配线和仪表线路。

(3) 地下、水下的，它们结构复杂，并且有许多覆盖层。这些电缆通常包括铅包、沥青、油脂和胶。这就意味着在保证安全和不带来环境污染的情况下回收这种旧废铜，需要相当复杂的处理方法。

通过破碎法（也称为剁碎或粒化）回收废电缆中的铜在“二战时期”已初见端倪。当时，是为了回收橡胶覆盖层。自那以后，破碎法就成为废电线和电缆线回收处理的主要方法。

图 4-2 是一典型的电缆线破碎流程图。在进入第一架制粒机之前，首先将废电缆线剪成 91. 44cm 长或更短。这对大型电缆特别重要。第一架制粒机或破碎机是一典型的装在一旋转杆上的飞刀，它与一系列固定的刀片相配合进行剪切。

旋转速度大约为 120r/min，并且有一筛选屏将超过尺寸要求的电缆线重新送入制粒机。其基本功能是减小尺寸而不是将其绝缘部分分离出来。根据加入制粒机原料类型的不

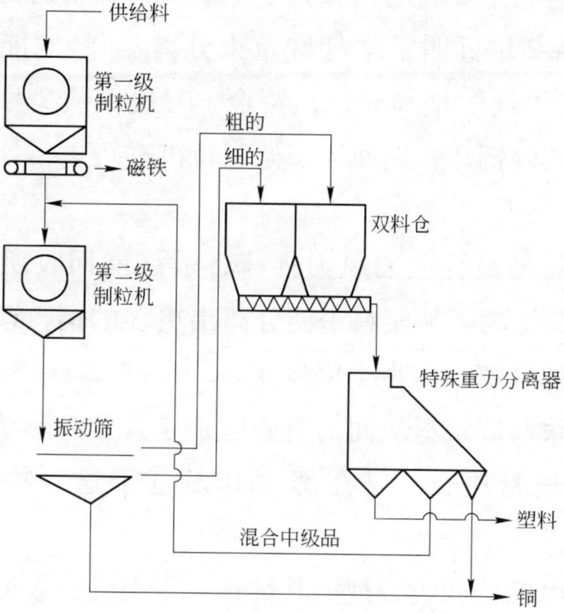

图 4-2 回收电缆线"切屑"流程图

同，加工后其长度在 10～100mm 之间。

第一架制粒机的另一功能是将依附在废电缆上的任何铁片分离出来，这是通过一磁分离器实现的。

然后，这些部分破碎的电缆被送至第二架制粒机，第二架制粒机在操作上与第一架类似，但其运转速度非常高（400r/min），有更多的刀组（5 组）和更小的刀片（约 0.05mm）。这架制粒机将电缆切成 6mm 长或更短，基本上将铜和绝缘部分分开了。同样，有一筛选屏再次将超过尺寸要求的原料返回。

废电线和废电缆回收的最后一步工艺是将铜和其绝缘部

分分离，这通常要利用铜和其绝缘塑料与橡胶的密度不同来完成。图 4-2 中标明了“特殊重力分离器”，它能分离出三部分产品：“纯”塑料碎片；符合 1 号废铜或 2 号废铜纯度标准要求的碎铜片；返回第二架制粒机进行重新处理的中等碎片部分。

分离器是最普通的风力摇床，最终能回收所送进铜的 80% ~90%。为了从塑料中能分离出更多的铜，近期已建议采用重介质分离，作为净化步骤。

碎铜块和碎塑料块间的重要区别是其颗粒形状——碎铜块要比碎塑料块长。已在努力开发基于这一特点的分离工艺。

地下电缆的回收处理因其结构的复杂性、表面覆盖物的可燃性以及破碎后产品中铅或铝的存在而变得复杂化。Nijkerk 和 Dalmjin 介绍了大型电缆的剥离，在剪切并切开以后用手工将铜线分离出来。小型的地下电缆可被成功地切碎。现已有人尝试引入低温剪切以减少燃烧的危险。在破碎后可应用涡流分离器来分离铜中的铅和铝。

二、汽车废铜回收

图 4-3 是一个从废旧汽车中回收原料的流程图。在这个流程图中，有 3 种可回收废铜的潜在资源。

首先是散热器，在破碎之前已将它从汽车上人工分离出来。散热器配件传统上采用锡铅焊料焊接，这就需要将散热器零配件重熔并精炼，以得到纯铜。然而，采用不同的焊料

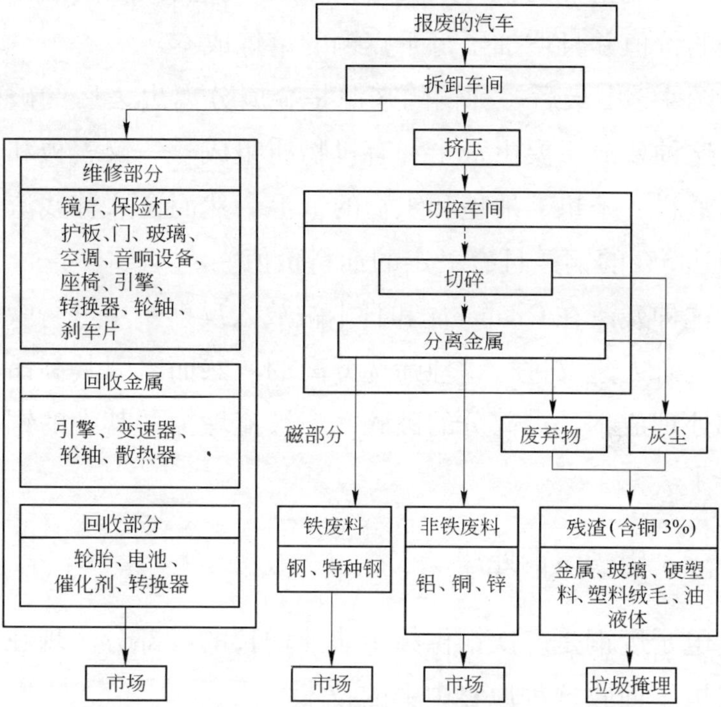

图 4-3　从废旧汽车中回收原料的流程示意图

或铜焊的新装配技术则可以直接回收散热器或发热器零部件而不需要精炼。这种散热器废铜回收利用率接近 100%。

图 4-3 中，汽车报废且其中的钢和铁已经分离出去后剩下的有色金属废料构成废铜的第二来源。

有色金属废料中主要有三种金属：铝、铜和锌。而汽车的电路主要由铜线构成。

从其他金属中分离出铜有几种方法，比如手选、空气筛选和重介质分离。由于铝和锌比铜更容易氧化，Cu-Al-Zn 混合物不用完全分离就可以卖给铜熔炼厂。然而这就剔除了铝和锌的价值并且增加了每千克铜的熔炼成本。

图 4-3 中最后一种铜的来源是金属分离出去后的破碎残渣。这种残渣主要由灰尘和有机物质组成——仪表板和方向盘的塑料、坐垫、地毯和织物的绒毛。然而，这种残渣也包含多达 3% 的铜并且有一定的油料价值。

这种残渣在 Onahama 和日本被放入反射炉中进行吹氧冶炼。也有人建议进行物理筛选分离的。然而，因其高昂的运输和处理成本，大部分的破碎残渣被掩埋掉，其中的铜也就丢弃了。

三、电子废铜处理

电子废铜是二次铜供给中快速增长的一部分。现在已大力发展了回收这种原料中铜的技术。

电子废铜被定义为生产电子硬件产生的废品和丢弃的已使用的电子产品。正因为如此，它包括旧废铜和新废铜。

虽然电子废铜包括许多项，但其总体组成可以分为三大类：塑料，在 1991 年约占 30%；难熔氧化物约占 30%；金属约占 40%。其中，金属大约有一半是铜，也包含有数量可观的金和银。

在铜的熔化、精炼过程中也可以回收金和银，因此回收金和银也是处理电子废铜的另一目的。

冶炼电子废铜时一个潜在的问题是其塑料部分的不完全燃烧和随之产生的有机化合物。不过，高温吹氧冶炼可以完全避免这个问题。

一个更严重的问题是电子产品中的金属含量的不断降低。随着时间的推移，电路板和其他零配件的生产商已学会了减少他们产品中所需金属的含量。事实上，上面提到的 1991 年电子产品中 0.1% 的含金量在 2000 年已降低到 0.01%。这就增加了电子废品经济回收的难度。

结果是，从电子废品中分离出金属变得和“矿石处理”方法相似。其方法类似于汽车中废铜的回收，即拆分以利于回收大件，破碎以减小剩余原料的尺寸，从塑料和陶瓷中分离金属。

可采用好几种技术从切碎的废料中回收铜，尤其是采用密度差异、涡流和静电分离。然而，采用选矿的方法来处理电子废品还处于其发展的初期阶段。

市场上出售的铜大约有一半曾经至少一次为废铜。在铜产品生命周期的各个阶段都会产生废铜，包括工业生产过程中（一次废铜）、加工制造过程中（新废铜）和消费者使用后的处理（旧废铜）。

最纯的废铜仅仅需要重熔和重新浇注，就可以进行加工制造和使用。纯度低点儿的废铜需要重熔并进行精炼。合金废铜通常可直接回收以生产新合金。

大量的废铜需要采用物理方法进行处理，将其中的铜与其他成分相分离，电缆线废铜的回收是一典型的例子。它采用这两步：将电缆线切成短片以分离出铜和通过重力分离系统采用物理方法分离铜（空气摇床）。

从报废汽车和电子设备中回收铜也采用类似的方式：减小尺寸以脱离束缚（粉碎）和通过电磁场、密度和涡流来分离铜。

由这些工序得到铜，然后进行重熔和重新精炼。

旧废铜（废弃铜）通常被抛弃在垃圾里。然而，回收废弃铜中的铜呈现增加趋势，这主要是由于成本的增加和垃圾场地的减少所致。

第二章 铝废料的分类、拆解和预处理

第一节 铝废料的分类和特点

目前，中国再生铝厂利用的废杂铝主要来源于两方面：一是国外进口；二是国内产生。

一、进口废杂铝

最近几年，国内大量从国外进口废杂铝。就进口废杂铝的成分而言，除少数分类清晰外大多数是混杂的。一般可分为以下几大类：

（1）单一品种的废铝。此类废铝一般都是某一类废零部件，如内燃机的活塞，汽车减速机壳、汽车轮毂、汽车前后保险栓，铝门窗等。这些废铝在进口时已经分类清晰，品种单一，且都是批量进口，是优质再生铝原料。

（2）废杂铝切片。废杂铝切片简称切片，是档次较高的废杂铝。之所以称之为切片，是因为许多发达国家在处理报废汽车、废设备和各类废家用电器时，都采用机械破碎的方法将其破碎成碎料，然后再进行机械化分选，分选出的废铝就是废铝切片。另外，回收部门在处理一些较大体积的废铝部件时也采用破碎的方法将其破碎成碎料，此类碎料也称之为废铝切片。废铝切片运输方便，且容易分选，质地也比较纯净，也是优质废铝料。目前，在国际市场的废铝贸易中，切片的占有量最大，各类切片正向标准化方向发展。就切片的成分而言，一般分为几个档次，其中档次高的切片都是比较纯净的各种废铝及其合金的混合物，绝大部分不用任何处理即可入炉熔炼，少量的档次较低的切片含不同数量的其他杂质，一般含废铝在80%～90%以上。其中，杂质主要为废钢铁和废铜等有色金属，还含有少量的废橡胶等，经人工挑选之后，得到纯净的废铝料。废铝切片冶炼也比较容易，熔炼时入炉方便、容易除杂、熔剂消耗少、金属回收率高、能耗低、加工成本也低，很受用户欢迎，一般大型再生铝厂均以切片为主要原料。

优质的废铝切片比其他废铝价格贵，适应大规模的现代化企业，且在国际市场上很难购到。因此，中国除独资或合资企业自己进口外，一般再生铝厂很少用此种废料。

（3）混杂的废铝料。此类废杂铝成分复杂、物理形状各异。除废杂铝之外，还含有一定数量的废钢铁、废铅、废锌等金属和废橡胶、废木料、废塑料、石子等，有时部分废铝和废钢铁机械结合在一起。此类废料成分复杂，少量废铝块较大，表面清晰，便于分选。此类废料在冶炼之前必须经过预分选处理，即人工挑出废钢和其他杂质。

（4）焚烧后的含铝碎铝料。此种铝料是档次较低的一种含铝废料，主要是各种报废家用电器等的粉碎物，分选出一部分废钢后再经焚烧形成的物料。焚烧的目的是除去废橡胶、废塑料等可燃物质。这类含铝废料一般铝含量在40%～60%，其余主要是垃圾（砖块石块）、废钢铁、极其少量的铜（铜线）等有色金属。铝的块度一般在10cm以下。在焚烧的过程中，一些铝和熔点低的物质如锌、铅、锡等都熔化，与其他物料形成表面玻璃状的物料，肉眼难以辨别，无法分选。

（5）混杂的碎废铝料。此种废料是档次最低的废铝，其成分十分复杂，其中含各种废铝40%～50%，其余是废钢铁、少量的铅和铜，大量的垃圾、石子和土、废塑料、废纸等，泥土约占25%、废钢占10%～20%、石子占3%～5%。

二、国内回收的碎废铝料

国内回收的废杂铝大多纯净，基本不含杂质（人为掺杂除外）。一般可分为三大类，即回收部门常说的废生铝、废熟铝和废合金铝。废生铝主要是废铸造铝和废合金铝，多是废机器零件（如废汽车零件、废模具、废铸铝锅盆、内燃机活塞等）；废熟铝一般指铝含量在99%以上的废铝（如废电缆、废家用餐具、水壶等）；废合金铝主要是指废飞机铝、铝框架等。

废杂铝的主要来源是工业废料、回收料以及铸造浇冒系统。其组成相对比较复杂。多数情况下，其中含有较多的外来杂质，包括各种有机质如塑料类物质、水分等。这类物质在熔炼过程进行之前如果不清理干净，会造成合金熔体严重吸气，在随后的凝固过程中产生气孔、疏松等缺陷。此外，一些非铝金属的混入同样会使材料的成分不合格、性能恶化。各种非金属矿物的混入造成的非金属夹杂，也会使材料的性能品质下降。正因这样的特点，在再生铝生产流程中第一个重要环节就是废杂铝的预处理，以尽可能地净化原料，把不利于再生铝质量的因素减少到最低程度。

废杂铝的产生来源主要有：

（1）产生于生活领域的废铝。如废家用餐具、水壶、废铸铝锅盆、废家用电器中的废铝零件、废导线、废包装物等。报废机电设备中的铝及其合金的废机器零件，废汽车零部件、废飞机铝、废模具、废内燃机活塞、废电缆、废铝管等。

（2）生产企业产生的废铝料一般称为新废料。主要包括铝及其合金在生产过程中产生的废铝；铝材在加工过程中产生的边角料、废次材；机械加工系统产生的铝及其合金的边角料、铝屑末及废产品；电缆厂的废铝电缆以及铸造行业产生的浇冒口和废铸件等。新废料除黏有油污的屑末之外，都是档次较高的废铝料，如果在企业产生废料时能清晰的分类保存，利用价值极高。

（3）熔炼铝和铝合金生长过程中产生的浮渣通常称为铝灰。凡是有熔融铝的地方就会有铝灰产生，例如在铝的生产、熔炼、加工和废铝再生过程中都会产生大量铝灰，尤其以废杂铝再生熔炼过程中产生的铝灰为多，废杂铝的成分复杂，杂质越多，表面污染越严重，铝灰就越多。铝灰的含铝量与所选用的覆盖剂和熔炼技术有关，一般含铝量在10%以下，高的可达20%以上。

标准《铝及铝合金废料》（GB/T 13586—2006）中规定了中国废铝的分类与要求，见表4-2。

第二节　废杂铝的预处理

一、国内废杂铝预处理基本原则

由于废杂铝的组成相当复杂，因此以其作为主要原料进行合金的二次加工必须对原材料进行必要的预处理。理论上讲预处理所有杂质均应该全部去除，但实际工业过程中考虑到成本因素，只能去除主要部分。通常的处理原则是：对原材料按照材料成分进行大的分类，分类依据是使其接近某种牌号铝合金的成分。对已经分类的铝合金废料进行必要的拆解，去除大块的非铝金属或有机杂质。对原材料进行必要的清洁，包括用水或有机溶剂清洗、喷砂等。经过以上处理的废杂铝就可以作为合金熔炼的基本原料进行使用。

表 4-2 废铝的分类与要求

废铝分类①②			要求③④⑤
类别	组别	废铝名称	
变形铝及铝合金废料	铝电线、铝电缆、铝导电板	光亮铝线 New Pure Aluminum Wire and Cable (Talon)	新的、洁净的纯铝电线、电缆构成的废铝。 不允许混入铝合金线、毛丝、丝网、铁、绝缘皮和其他杂质
		混合光亮铝线 New Mixed Aluminum Wire and Cable (Tann)	新的、洁净的纯铝电线、电缆与少量6××系合金电线、电缆混合构成的废铝。 6××系合金电线、电缆不超过废铝总量的10%。 不允许混入毛丝、丝网、铁、绝缘皮和其他杂质
		旧铝线 Old Pure Aluminum Wire and Cable (Taste)	旧的纯铝电线、电缆构成的废铝。 表面氧化物及污物低于废铝总量的1%。 不允许混入铝合金线、毛丝、丝网、铁、绝缘皮和其他杂质
		旧混合铝线 Old Mixed Aluminum Wire and Cable (Tassel)	旧的纯铝电线、电缆与少量6××系合金电线、电缆混合构成的废铝。 6××系合金电线、电缆低于废铝总量的10%，表面氧化物及污物不超过废铝总量的1%。 不允许混入毛丝、丝网、铁、绝缘皮和其他杂质
		废电线 Insulated Aluminum Wire Scrap (Twang)	带有绝缘皮的各类铝电线构成的废铝

续表 4-2

废铝分类①②			要求③④⑤
类别	组别	废铝名称	
变形铝及铝合金废料	铝电线、铝电缆、铝导电板	新钢芯铝绞线 New Aluminum Cable Steel Reinforced	制造过程中产生的废钢芯铝绞线，无夹杂物
		旧钢芯铝绞线 Old Aluminum Cable Steel Reinforced	旧的钢芯铝绞线，无夹杂物
		导电板 Current-Conducting Plate	各种电器设备和设施中的铝导电板构成的废铝。 不允许混带夹杂物
	铝箔	新铝箔 New Aluminum Foil（Terse）	洁净的、新的、无涂层的 1×××和/或 3×××和/或 8×××系列铝箔构成的废铝。 不允许混入电镀箔、涂铅铝箔、纸、塑料和其他杂质
		旧铝箔 Post Consumer Aluminum Foil（Tesla）	无涂层的 1×××、3×××和 8×××系旧的家用包装铝箔和铝箔容器构成的废铝。 材料可以被电镀，有机残留物低于废铝总量的 5%。 不允许混入涂铅铝箔条、化学腐蚀箔、复合箔、铁、纸、塑料和其他非金属杂质
	铝易拉罐	新易拉罐 New Aluminum Can Stock（Take）	新的、洁净的、低铜的铝易拉罐（表面可覆盖印刷涂层）及其边角料构成的废铝。 油脂不超过废铝总量的 1%。 不允许混入罐盖、铁、污物和其他杂物

续表 4-2

废铝分类①②			要求③④⑤
类别	组别	废铝名称	
变形铝及铝合金废料	铝易拉罐	旧易拉罐 Post-Consumer Aluminum Can Scrap（Talc）	盛过食物或饮料的铝罐构成的废铝。 不允许混入其他废金属、箔、锡罐、塑料瓶、纸、玻璃和其他非金属杂质
		易拉罐碎片 Shredded Aluminum Used Beverage Can（UBC）Scrap（Talcred）	易拉罐碎片构成的废铝（$\rho=190\sim275kg/m^3$）。 通过孔径 4599μm 网筛的碎片小于废铝总量的 5%。 废铝必须经过磁选，不允许混入其他任何铝制品、铁、铅、瓶盖、塑料罐及其他塑料制品、玻璃、木料、污物、油脂、垃圾和其他杂物
		易拉罐压块 Densified Aluminum Used Beverage Can（UBC）Scrap（Taldack）	易拉罐压块构成的废铝（$\rho=562\sim802kg/m^3$）。 块的两边应有易于捆绑的捆绑槽，每块重量不超过 27.2kg，建议块的公称尺寸范围为（254mm × 330mm × 260mm）~（508mm × 159mm × 229mm）。 合成一捆的所有块的尺寸必须相同，建议捆的尺寸范围为（1040 ~ 1120）mm ×（1300 ~ 1370）mm ×（1370 ~ 1420）mm。捆绑方法：用宽不小于 16mm、厚 0.50mm 的钢带，每捆每排垂直捆一道，水平方向最少捆二道。不得使用滑动垫木和/或任何材料的支撑板。 废铝必须经过磁性分离，不允许混入铝易拉罐以外的任何铝产品，不允许混入废钢、铅、瓶盖、玻璃、木料、塑料罐及其他塑料制品、污物、油脂和其他杂物

续表 4-2

废铝分类①②			要求③④⑤
类别	组别	废铝名称	
变形铝及铝合金废料	铝易拉罐	打捆易拉罐 Baled Aluminum Used Beverage Can (UBC) Scrap (Taldon)	打捆的、未压扁易拉罐（$\rho=225\sim273\text{kg/m}^3$）、或打捆的、压扁易拉罐（$\rho=353\text{kg/m}^3$）构成的废铝。 捆的最小规格为 0. 85m³，建议尺寸为（610 ~ 1020）mm ×（760 ~ 1320）mm ×（1020 ~ 2135）mm。捆绑方法：4 ~ 6 条 16mm × 0. 50mm 的钢带，或 6 ~ 10 条 13 号钢线（允许使用同等强度和数量的铝带或铝线）。不用滑动的垫木和/或任何材料的支撑板。 废铝必须经过磁选，不允许混入铝易拉罐以外的任何铝产品，不允许混入废钢、铅、瓶盖、玻璃、木料、塑料罐及其他塑料制品、污物、油脂和其他杂物
	铝板	新 PS 基板 New，Clean Aluminum Lithographic Sheets (Tabloid)	1 × × × 和/或 3 × × × 系列牌号的印刷用铝板（表面无油漆涂层）构成的废铝。 铝板最小尺寸为 80mm × 80mm。 不允许混入纸、塑料、油墨和其他任何杂物
		旧 PS 基板 Clean Aluminum Lithographic Sheets (Tablet)	1 × × × 和/或 3 × × × 系列牌号的印刷用铝板构成的废铝。 铝板最小尺寸为 80mm × 80mm。 不允许混入纸、塑料、过多油墨的薄板和其他任何杂物
		涂漆铝板 Painted Siding (Tale)	洁净的低铜铝板（一面或两面有油漆，不含塑料涂层）构成的废铝。 不允许混入铁和污物、腐蚀物、泡沫、玻璃纤维等其他非金属物品

续表 4-2

废铝分类①②			要求③④⑤
类别	组别	废铝名称	
变形铝及铝合金废料	铝板	飞机铝板 Aluminum Aircraft Sheet (Tepid)	飞机用铝板构成的废铝
		混合低铜铝板 Mixed Low Copper Aluminum Clippings and Solids (Taboo)	由多种牌号⑥的低铜铝板（厚度大于 0.38mm）混合构成的新的、洁净的、表面无涂层、无油漆的废铝板。 油脂低于废铝总量的 1%。 不允许混入 2×××或 7×××系铝合金板，不允许混入毛丝、丝网、直径小于 1.27mm 的冲屑、污物和其他非金属物品
		同类铝板 Segregated Aluminum Sheet	同种牌号⑥的铝板材，厚度大于 0.38mm
		混合新铝板 Mixed New Aluminum Alloy Clippings and Solids (Tough)	由多种牌号⑥的铝板（厚度大于 0.38mm）混合构成的新的、洁净的、表面无涂层和漆层的废铝板。 油脂不超过废铝总量的 1%。 不允许混入毛丝、丝网、直径小于 1.27mm 的冲屑、污物和其他非金属物品
		杂旧铝板 Clean Mixed Old Alloy Sheet Aluminum (Taint 或 Tabor)	由多种牌号⑥的洁净铝板混合构成的废铝。 涂漆铝板低于废铝总量的 10%，油脂低于废铝总量的 1%。 不允许混入箔、百叶帘、铸件、毛丝、丝网、易拉罐、散热器片、飞机铝板、瓶盖、塑料、污物和其他非金属物品

续表 4-2

废铝分类[①②]			要求[③④⑤]
类别	组别	废铝名称	
变形铝及铝合金废料	散热器片	散热器铝片 Aluminum Copper Radiators（Talk）	洁净的热交换铝片或铜管上的铝翅片构成的废铝。 不允许混入铜管、铁和其他杂物
	边角料	新边角料 New Machine Waste	新的、洁净的、无涂层的、同种牌号[⑥]的变形铝及铝合金边角料、废次材、切头、切尾料构成的废铝。 油污和油脂不超过废铝总量的1%。 不允许混入箔、毛丝、丝网和其他杂质
		混合边角料 Mixed Machine Waste	由多种牌号[⑥]的变形铝及铝合金边角料、块构成的、新的、洁净的、无涂层的混合废铝。 油污和油脂不超过废铝总量的1%。 不允许混入7×××系铝合金、油、毛丝、丝网和其他杂质
	器具	铝器具 Aluminum Implement	锅、盆、瓶等构成的废铝。 不允许混带夹杂物。
	其他	同类铝材 Segregated Aluminum Forgings and Extrusions（Tread A）	同种牌号[⑥]的铝锻件、挤压件（表面可覆盖涂层）构成的废铝。主要包括铝门窗型材、铝管、铝棒及其他工业用铝型材。 不允许混入铝箔或其他任何夹杂物
		杂铝材 Mixed Forgings and Extrusions	多种牌号[⑥]的铝锻件、铝挤压件（表面可覆盖涂层）构成的废铝。 不允许混带夹杂物

续表 4-2

废铝分类①②			要求③④⑤
类别	组别	废铝名称	
铸造铝合金废料	铸锭	杂铝铸锭 Sweated Aluminum（Throb）	以废铝熔铸成的锭或块。 不允许混带夹杂物
	活塞	无拉杆铝活塞 Clean Aluminum Pistons（Tarry A）	洁净的铝活塞（不含拉杆）构成的废铝。 油污和油脂不超过废铝总量的 2%。 不允许混入轴套、轴、铁环和非金属夹杂
		带拉杆铝活塞 Clean Aluminum Pistons with Struts（Tarry B）	洁净的铝活塞（可以含拉杆）构成的废铝。 油污和油脂不超过废铝总量的 2%。 不允许混入轴套、轴、铁环和非金属夹杂
		夹铁铝活塞 Irony Aluminum Pistons（Tarry C）	由含铁铝活塞构成的废铝
	汽车铝铸件	汽车铝铸件 Aluminum Auto Castings（Trump）	各种汽车用铝铸件构成的废铝。 铸件尺寸应达到目视容易鉴别的程度。 油污和油脂低于废铝总量的 2%。含铁量不超过废铝总量的 3%。 不允许混入污物、黄铜、轴套及非金属物品
	飞机铝铸件	飞机铝铸件 Aluminum Airplane Castings（Twist）	各种洁净的、飞机用铝铸件构成的废铝。 油污和油脂不超过废铝总量的 2%。含铁量不超过废铝总量的 3%。 不允许混入污物、黄铜、轴套和非金属物品

续表 4-2

废铝分类[1][2]			要求[3][4][5]
类别	组别	废铝名称	
铸造 铝合金废料	其他	同类铝铸件 Segregated New Aluminum Castings (Tread B)	同种牌号[6]的、新的、洁净的、无涂层的铝铸件、锻件和挤压件构成的废铝。 不允许混入屑、不锈钢、锌、铁、污物、油、润滑剂和其他非金属物品
		混合铝铸件 Mixed Aluminum Castings (Tense)	各种洁净的铝铸件（可包括汽车或飞机铝铸件）混合构成的废铝。 油污和油脂不超过废铝总量的 2%。含铁量不超过废铝总量的 3%。 不允许混入铝锭、黄铜、污物和其他非金属物品
铝及铝合金屑		同类铝屑 Segregated Aluminum Borings and Turnings (Teens)	同种牌号[6]的、洁净的铝合金屑构成的废铝。 通过孔径 833μm 网筛的细屑低于废铝总量的 3%，不含氧化物。 不允许混入污物、铁、不锈钢、镁、油、易燃液体、水分和其他非金属物品
		混合铝屑 Mixed Aluminum Borings and Turnings (Telic)	由多种牌号[6]的、洁净的、未腐蚀的铝合金屑混合构成的废铝。 通过孔径 833μm 网筛的细屑低于废铝总量的 3%，铁含量不超过废铝总量的 10%。 不允许混入污物、铁、不锈钢、镁、油、易燃的车屑混合物、水分和其他非金属物品

续表 4-2

废铝分类①②			要求③④⑤
类别	组别	废铝名称	
铝及铝合金碎片		铝碎片 Floated Fragmentizer Aluminum Scrap (from Automobile Shredders) (Twitch)	含有铝或铝合金的干燥切片构成的废铝。 锌低于废铝总量的 1%，镁低于废铝总量的 1%，铁含量不超过废铝总量的 1%，非金属总含量不超过废铝总量的 2%，橡胶和塑料不超过废铝总量的 1%。 不允许混入过度氧化的材料和气胎罐及密封的、或加压密封的容器
		混合碎片 Recyclable Concentrates of Shredded Mixed Nonferrous Scrap Metal in Pieces-Derived from Fragmentizers for further Separation of Contained Materials (Zorba⑦)	由铝、铜、铅、镁、不锈钢、镍、锡和锌等有色金属的碎料（其中可能混带有石块、玻璃、橡胶、塑料和木料）构成的废铝。 各种金属的比例不限，某种金属可以为零，比例由买卖双方协议决定。 不允许混入放射性的物品、渣或灰
铝灰渣		熔渣（撇渣） Aluminum Dross	铝及铝合金在熔炼过程中产生的松散状或块状撇渣构成的废铝。 不允许混带夹杂物
		炉底结块 Aluminum Slag	铝及铝合金炉底结块构成的废铝
		铝灰 Aluminum Ash	铝及铝合金熔铸过程中产生的铝灰构成的废铝

①废铝的牌号由供需双方协商确定，并在合同中注明；
②经供需双方商定，可供应表中未列出的其他废铝；
③块状废铝单件的最大外形尺寸由供需双方协商确定，并在合同中注明；
④废铝中不允许混有易燃、易爆、有毒、有腐蚀性或带有放射性的物品，不允许混有医疗废物或密封容器；
⑤废铝表面的杂物应尽量予以清除；
⑥同种牌号指组别、顺序号均相同的铝及铝合金牌号的集合；多种牌号指组别或顺序号不同的铝及铝合金牌号的集合；
⑦Zorba 后应加数字（代表其中有色金属含量）形式进一步标注，如 Zorba63，表示废铝中含有 63% 的有色金属。

二、预处理工艺

废杂铝的预处理目的：一是去除废杂铝中夹杂的其他金属和杂质；二是把废杂铝按其成分分类，使其中的合金成分得到最大程度的利用；三是将废杂铝表面的油污、氧化物及涂料等处理掉。预处理最终的结果是将废铝处理成符合入炉条件的炉料，使含铝废料中的铝（含氧化铝）得到最经济最合理的利用。

国内废杂铝预处理技术还相对落后，目前主要采用以下几种预处理技术：

（1）品种单一或基本不含其他杂质的废杂铝一般不做复杂的预处理，只是按废料的品种和成分分类，单独堆放。单一品种的废铝在利用时只要抽查化验出一个成分，即可知晓批量的成分，是优质的再生铝原料，一般不做任何预处理即可入炉熔炼。在熔炼某一合金时，往往选用相应成分和品种的废铝直接加入大型反射炉熔炼，这样可很容易的熔炼成相应牌号的铝合金。一些含铜、含锌高的废铝，还可作为调整成分用的中间合金。在采用小型反射炉或坩埚炉的企业，则要根据需要对体积大的废铝破碎成符合入炉规格的料块。

（2）对于档次较高的废铝切片，其中主要成分有铸造铝合金、合金铝、纯铝等。其中，前两项的牌号众多，目前还很难按牌号分类，在大型再生铝厂，一般只经过筛分除去混入的泥土等，即直接入炉熔炼。小型再生铝厂，对此类废铝则要人工将其分成铸造铝合金、合金铝和纯铝，然后分别利用。

（3）对于低档次的切片和焚烧过的碎废铝料（后者大型再生铝厂一般不用）要进行复杂的分选，因其成分复杂，除废铝之外还含有废铜、废钢、废铅等金属，并含有其他废弃物。对此类废料的分选主要靠人工，筛分出泥土和垃圾，然后用手工分选。手工分选大多都在操作台进行，主要靠工人目测和经验进行挑选，先分选出非金属废料，然后分选废金属。其中，对废铜和废纯铝的挑选格外精心，因废铜可增加产值，纯铝废料（例如废铝线等）都是再生熔炼中调整成分的上等原料。分出的废铝是混杂的，一般不再细分。

（4）先进的废杂铝预处理技术。先进的废杂铝预处理技术是实现废杂铝分选的机械化和自动化，最大限度地去除金属杂质和非金属杂质，并使废杂铝有效地按合金成分分类分选。最理想的分选方法是按主合金成分把废铝分成几大类，如合金铝、铝镁合金、铝铜合金、铝锌合金、铝硅合金等。这样可以减轻熔炼过程中的除杂技术和调整成分的难度，并可综合利用废铝中的合金成分，尤其是含锌、铜、镁高的废铝，都要单独存放，可作为熔炼铝合金调整成分的中间合金原料。目前，先进的废杂铝预处理技术主要有：

1）风选法分离废纸、废塑料和尘土。各种废铝或多或少的都含有废纸、废塑料薄膜和尘土，较为理想的工艺是风选法。风选法的工艺简单，能够高效率地分离出大部分轻质废料。但采用风选法需要配备较好的收尘系统，避免灰尘对环境的污染，分选出的废纸、废塑料薄膜一般不宜再继续分选，可作燃料用。

2）采用磁选设备分选出废钢等磁性废料。铁是铝及其合金中的有害物质，对铝合金的力学性能的影响最大。因此，应在预处理工序中最大限度地分选出杂铝中的废钢铁。对废铝切片和低档次的废铝料，分选废钢铁较为理想的技术是磁选法，这种方法在国外已经被大量采用。磁选法的设备比较简单，磁源来自电磁铁或永磁铁，工艺的设计有多种多样，比较容易实现的是传送带的十字交叉法。传送带上的废铝沿横向运动，当进入磁场之后废钢铁被吸起而离开横向皮带，立即被纵向皮带带走，运转的纵向皮带离开磁场之后，废钢铁失去了引力而自动落地并被集中起来。磁选法的工艺简单、投资少，很容易被采用。磁选法处理的废铝料的体积不宜过大，一般的切片和碎铝废料都比较适合，大块的废料要经过破碎之后才能进入磁选工艺。

磁选法分选出的废钢铁还要进一步处理，因有一些废钢铁器件中有机械结合的以铝为主的有色金属零部件很难分开，如废铝件上的螺母、电线、键、水暖件、小齿轮等。对这部分的分选是十分必要的，因为分选出的有色金属可以提高价值并提高废钢铁的档次，但分选难度较大，一般采用手工拆解和分选，但效率低。为提高生产效率，对于分选出的难拆解的铝和钢铁的结合件，最有效的处理办法是在专用的熔化炉中加热，使铝熔化后扒出废钢铁。

3）水为介质的浮选法分选轻质杂质。废杂铝中夹杂的废塑料、废木头、废橡胶等轻质物料，可以采用以水为介质的浮选法。主要设备是螺旋式的推进器，废铝随螺旋推进器推出。在整个过程中，风选过程中剩余的泥土和灰尘等易溶物质大多溶于水中，并被水冲走，进入沉降池。污水在经过多道沉降澄清之后，返回循环使用，污泥定时清除。此种方法可以全部分离密度小于水的轻质物质，是一种简便易行的方法。

4）从废铝中分选铜等重有色金属的技术。废铝中的铜等重有色金属基本上都被油污所沾污，用人工分选的方法从废料中分选出重有色金属的难度较大。有效的方法是抛物选矿法。这种方法利用各种体积基本相同的物体在受到相同的力被抛出时落点不同的原理，可以把废杂铝中密度不同的各种废有色金属分开。用相同的力沿直线射出密度不同而体积基本相同的物体时，各种物体沿抛物线方向运动，在落地时的落点不同。最简单的试验可以在水平的传送带上进行，当混杂的废料在传送带随传送带高速运转，当运转到尽头时，废杂铝沿直线被抛出，由于各种废弃物的重力不同，分别在不同点落地，从而达到分选的目的。此种方法可使废铝、废铜和其他废物均匀地分开。根据此种原理设计的设备已在国外采用，但昂贵的价格使人望而生畏。目前中国正处于研究阶段。

5）废铝表面涂层的预处理。许多废铝的表面都涂有油漆等防护层，尤其是废铝包装容器，数量最大的是废易拉罐等包装容器和牙膏皮等。在小型冶炼厂，对此废料一般不做任何预处理就直接熔炼，漆皮在熔炼过程重燃烧掉。但此类废料都是薄壁，漆皮在燃烧过程中会使部分铝氧化，并增加了铝中的杂质和气泡。比较先进的再生铝工艺一般在熔炼之前都要经预处理将涂层处理掉，主要技术有干法和湿法。湿法就是用某种溶剂浸泡废铝，使漆层脱落或被溶剂溶掉。此法的缺点是废液量大、不好处理，一般不宜采用。干法即火法，一般都采用回转窑焙烧法。

焙烧法的主要设备是回转窑，其最大的优点是热效率高，便于废铝与碳化物的分离。焙烧的热源来自加热炉的热风和废铝漆层炭化过程中产生的热。生产时，回转窑以一定速度旋转，废铝表面的漆层在一定的温度下逐渐炭化，由于回转窑的旋转，使得物料之间相互碰撞和振动，最后炭化物从废铝上脱落。脱落的炭化物一部分在回转窑的一端收集，还有一部分在收尘器中回收。

废杂铝的预处理是废铝再生利用工艺的重要组成部分。随着再生铝技术水平的提高，预处理技术将越来越重要，使非铝物质与废铝及其合金完全分离。高效率地将废铝按照合金的牌号分类，达到废杂铝最有效的综合利用，这正是再生铝技术中预处理技术研究的发展方向。

第三章　废铅酸蓄电池的拆解和预处理

第一节　铅物料循环

铅的用途广泛，消费结构大致可分为：蓄电池 72%、化学品 11%、铅板/锻件 6%、子（炮）弹 2%、合金 2%、电缆护套 2%，其他 5%。并非所有的废铅资源都能回收，如处理核废料的铅容器使用期限上万年，电缆护套约 40 年、铅管约 50 年，这些废铅难以回收。目前，循环铅的主要来源是废铅酸蓄电池。汽车用的蓄电池使用期限为 3～4 年，牵引用的蓄电池为 5～6 年，固定的蓄电池为 5～15 年，这些蓄电池都有回收的可能性。

车用蓄电池是废铅回收最大的来源，占循环铅原料的 80% 以上。车用蓄电池大致分为三类：汽车启动-照明-点火用的蓄电池（SJI）；电动汽车用的蓄电池（BPV）；作为备用/不间断电源用蓄电池（UPS）。其中，SJI 约占 70%，BPV 和 UPS 约各占 15%。2000 年，全球汽车产量为 5754 万辆，必须配相应数量的蓄电池。全球汽车保有量在 7 亿辆以上，每年约需替换蓄电池 2.3 亿个，平均每辆汽车蓄电池用铅 9～15kg，由此推算，每年车用蓄电池的铅消费量在 230 万吨以上。再考虑到非车用的铅酸蓄电池，则每年蓄电池的铅消费量约在 300 万吨，这是循环铅生产的巨大原料来源。

循环铅的原料比较集中。当前，中国循环铅原料 85% 以上来自废铅酸蓄电池。过去，中国的汽车工业不发达，所以循环铅的原料基础薄弱。国家把汽车工业作为国民经济的支柱产业之一，随着汽车工业的发展，车用蓄电池的产量将迅速增长。2001 年，中国精铅消费超过 74 万吨，按 60% 以上的铅消费在蓄电池工业计，且汽车用铅酸蓄电池的使用寿命为 3～4 年。因而，今后每年废铅酸蓄电池将有 40 万～50

万吨铅可用于生产循环铅。次要的循环铅原料有电缆包皮，化工用耐酸衬铅板、铅管、印刷合金、铅锡焊料、轴承合金、含铅碎屑和下脚料，冶炼厂的含铅渣、烟尘和阳极泥等。但通常所说的循环铅主要指从废蓄电池回收的铅。

第二节 废铅酸蓄电池的预处理

一、机械破碎分选

机械破碎分选技术有两种典型的预处理方法。

一种是采用重介质分选技术，另一种是破碎—水力分选技术，这两种方法的机械化、自动化程度都比较高。重介质分选法是将未解体的废蓄电池先经锤式破碎机破碎，把破碎后的物料进行湿式筛分，分为三种粒级的产物：细粒部分（<1mm），中粗部分（1～4mm）和粗块部分（4～60mm）。细物料是以填料为主，一部分干燥之后送冶炼，一部分作加重剂，用于中粗物料和粗块物料的重介质分选。中粗物料和粗块物料中都含有密度差别较大的有机物组分和硬铅组分，可通过不同的重介质旋流器将它们分离，分离出来的各个产物单独堆放，分别处理。该方法铅的总回收率为98.9%，锑回收率为99.5%。目前，水力分选法处理废蓄电池大多采用破碎—水力分选技术。带壳的废蓄电池由人工放置在皮带运输机上，由皮带运输机将其提升至锤式破碎机的加料斗。废蓄电池在提升过程中要经过穿孔机，它能将蓄电池壳体击穿，以便电解液流入盛酸容器。穿孔机由液压传动。破碎机

采用“钩”型重锤式结构，能有效地将废蓄电池击碎至小于20mm的粒度后排出。采用湿式破碎，没有粉尘飞扬。一台水平螺旋输送机连续将破碎料送往水力分级箱，按碎料各组分密度的差别以及通过调整水压的大小，将碎料按密度分级。密度大的“金属”部分沉入分级箱底部，由一台螺旋机取走。密度小的“氧化物”和有机物部分随水流流往一固定筛，筛下物为粒度较小的“氧化物”部分，一台步进式除膏机将其卸出。筛上的有机物随水流进入另一个水力分级箱，将密度小的塑料部分和密度大的橡胶分开，分别由各自的螺旋机卸出。该系统设备材质全部采用耐酸不锈钢，使用寿命长。采用水力分选法铅产品的回收率在99%以上，其余约1%损失在有机物中。其分离产物互含率低于0.5%。

二、铅膏的湿法转化

目前，处理含硫铅膏一般采用脱硫等湿法预处理技术，然后再用火法、湿法、干湿联合工艺回收铅及其他有用物质。对于火法冶炼，废旧蓄电池经过脱硫预处理后可以减少进炉的物料量，提高炉料的铅品位，从而减少烟气量、烟尘量、弃渣量、能耗以及二氧化硫的排出量，并且有效地提高了铅的回收率。如意大利的TONOLLI公司采用该技术，使炉料的含硫量降低了90%，这使得冶炼熔剂量和二氧化硫排放量大大减少；与未脱硫相比，脱硫可使冶炼能力提高30%，铅回收率达到90%以上，冶炼温度降低150℃，能耗降低10%，冶炼废弃物减少75%，节省处理费用35万美元

/年。对于全湿法冶炼，废旧蓄电池的湿法预处理脱硫是实现湿法电沉积冶炼的前提，其主要特点是在冶炼过程中没有废气、废渣的产生，铅回收率可达95%～97%，如美国的RSR公司。分析表明，铅膏中的$PbSO_4$含量一般为55%～60%。硫酸铅分解温度高，是造成铅和二氧化硫污染的主要根源。如果将其转化成碳酸铅，其溶度积小于硫酸铅，而且分解温度也低，从而可以大大降低火法熔炼的作业温度。转化法所采用的转化剂有碳酸钠、碳酸铵或碳酸氢铵等，转化在常温下即可进行。转化设备包括耐酸不锈钢搅拌槽，板框压滤机和回收副产品的浓缩罐等。

三、机械分选

利用废铅酸蓄电池中各种物料各自物理特性的差异，通过机械的方式进行分离，以提供后续回收利用的效率。意大利Engitec公司开发的CX破碎分选系统和美国M. A公司开发的M. A破碎分选系统都是采用这种分离技术。整个废铅酸蓄电池通常由以下4部分组成：废电解液11%～30%、铅或铅合金板栅24%～30%、铅膏30%～40%、有机物22%～30%。其中，废电解液进一步处理后排放或回用；板栅主要以铅及合金为主可以独立回收利用；有机物如聚丙烯塑料可作为副产品再生利用；铅膏主要是极板上活性物质经过充放电使用后形成的料浆状物质：$PbSO_4$（约50%）、PbO_2（约28%）、PbO（约9%）、Pb（约4%）等，还可能含有少量Sb（约0.5%）。由于铅膏中含有大量硫酸盐，而且存在不同价态的铅的氧化物。因此，铅膏的回收利用通常是废旧铅酸蓄电池回用需要着重研究的难点。CX废铅酸蓄电池的预处理系统，实现自动化和全封闭无污染预处理作业。预处理流程图见图4-4。

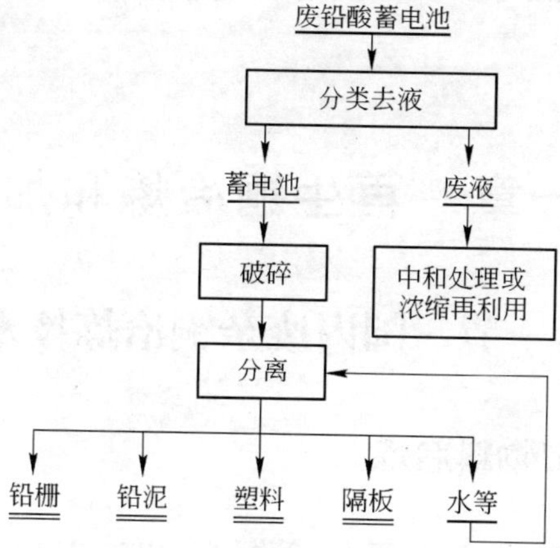

图4-4　CX废铅酸蓄电池预处理工艺示意图

第五篇

再生有色金属冶炼和加工

第一章　再生铜冶炼和加工

第一节　国内废杂铜冶炼技术

一、低品位物料冶炼

低品位物料冶炼主要指含铜在80%以下的废杂铜、电子废料和含铜较高的炉渣、含铜烟尘等。目前，国内对低品位物料主要采用传统的鼓风炉熔炼和卡尔多炉熔炼。

（一）鼓风炉工艺

采用鼓风炉熔炼，将高低品位搭配后处理产出黑铜（含铜70%～90%），炉渣含铜在1%以下可直接弃去。如果，产出的黑铜品位高，炉渣含铜可能大于1%，则应该继续处理回收铜，有条件的可送炉渣选矿处理。

目前，国内在产的最大杂铜鼓风炉面积为2m²，年产黑铜约为3万吨。鼓风炉处理低品位铜料的缺点是生产效率低、能耗高，而且需要大量的焦炭，产出的黑铜需铸锭，送火法精炼重新熔化还需消耗大量的燃料，能耗和生产成本都很高。

（二）卡尔多炉工艺

江西铜业贵溪冶炼厂于2005年引进了卡尔多炉工艺。引进的卡尔多炉规格为11m^3。原设计处理平均含铜品位在50%以下低品位铜物料，采用纯氧冶炼，产出含铜98%的粗铜和含铜小于0.5%的弃渣，每台炉年产5万吨粗铜。卡尔多炉于2009年5月投料试生产。处理废杂铜及含铜物料，包括2号废杂铜、黑铜、倾动炉渣、含铜废料（铜粉饼）等，入炉物料平均含铜70%~80%，每炉产粗铜约40t，粗铜品位98.5%左右。

卡尔多炉处理废杂铜优点主要有：

（1）机械化、自动化程度高。炉子冶炼作业时可以作横向360°旋转，倒渣、出铜和加料时可以纵向倾转270°，加料采用轨道式料斗小车，出铜、排渣用包子，通过倾转炉子直接倒出。操作过程采用DCS系统自动控制，操作简便、安全和可靠。

（2）环保效果好。卡尔多炉结构紧凑，设备完全在一个相对密闭的空间内作业，因而有效防止了烟气的外逸，杜绝了低空污染。同时，工艺烟气和环集烟气分开处理，有效降低了操作烟气负压控制的相互影响，工艺烟气和环集烟气都采用布袋收尘器，收尘效率高，烟气完全达标排放。

（3）原料适应性强。炉子既可处理高品位废杂铜，又可处理品位低的废杂铜及炉渣。

（4）传质、传热条件好。炉子在冶炼过程处于旋转中，传质、传热条件较好，同时供助油枪氧枪容易控制温度和炉气的氧势。

卡尔多炉应用存在的问题主要有：

（1）单台炉产量小。仅在处理含铜70%以上的废杂铜才能达到年产5万吨铜的水平。

（2）炉渣含铜5%左右，还需送炉渣选矿处理。

（3）投资相对较高，需要引进技术和关键设备。单套系统投资1.3亿元，包括厂房、国外技术引进和部分进口设备，但不包括重油存储及输送系统、制氧站系统。

二、高品位废铜处理

一般指含铜80%以上的能采用一段法冶炼得到阳极铜或者加工铜材。

（一）固定式反射炉

固定式反射炉是国内冶炼高品位废杂铜最古老的炉型，被90%以上的工厂采用。反射炉的规模在50～350t不等，可直接产出阳极铜和含铜在15%左右的炉渣。

反射炉的优点是工艺成熟、投资省；缺点是热利用率低，一般只有25%～30%，生产效率低，环境污染严重。

（二）倾动炉

贵溪冶炼厂2001年引进德国Maerz公司的倾动炉，炉型为350t，用以处理含铜品位在92%以上的废杂铜。倾动炉由液压驱动，可在30°角度内来回转动到相应的炉位进行作业，自动化程度高，不用人工持管，炉体密闭，环保好。实际应用情况为处理平均含铜94%以上（与电解残极搭配）的铜料，采用重油加20%左右富氧空气助燃，压缩空气氧化，LPG还原，每炉年产阳极铜10万吨左右，炉渣含铜约35%。2001年时整个工程投资（不包括制氧站、空压机、燃油系统）约1.3亿元。

倾动炉的优点是：加料方便，布料均匀，熔化速度快；氧化强度高；扒渣方便；可使用气体还原剂，还原剂利用率高；可避免“跑铜”事故，安全性好；炉子密封性能好，炉压调节方便；炉子寿命长，维修方便。

倾动炉的缺点是：结构庞杂，投资高，技术10多年没有发展。

（三）NGL炉

NGL炉工艺及设备是由中国瑞林工程技术有限公司开发，并申请了发明专利和实用新型专利。它结合了倾动炉和回转式阳极炉的优点，侧面有大的加料门兼作渣门，另一侧有氧化还原口，底部有透气砖，炉体可在一定的角度内转动，采用燃料既可是气体燃料，也可使用粉煤等固体燃料；可采用普通空气助燃，也可采用富氧或纯氧助燃。

NGL炉自动化程度高，不用人工持管，炉体密闭，环保好。目前，应用于处理平均含铜90%以上的铜料，炉渣含铜可控制在15%左右。目前，设计的NGL炉能力有100～250t，其中250t已在国内5个工厂应用。

三、用废杂铜直接生产火法精炼铜杆

如果要得到高品质的铜杆，需将废杂铜精炼成阳极铜，然后电解成阴极铜再进行加工。该工艺流程由于增加了电解工序，生产周期长，同时增加了能耗和成本。针对有些行业并不需要高品质的铜材，用一些高品位的废杂铜直接生产相应品质的铜制品其经济性非常突出。

目前，国内开发的类似以废杂铜为原料生产铜杆的设备生产线估计超过 80 条。但由于这些工厂在精炼时对杂质的脱除以及加工过程控制不好，所以一般仅能生产低品质的铜杆，而且普遍存在环保问题。

1987 年，西班牙 La Farga Lacambra 公司开发了用废杂铜生产“火法精炼高导电铜”即 FRHC 工艺。其使用的原料为 92% 以上的废杂铜，通过精炼和连铸连轧生产火法精炼低氧光亮铜杆火法精炼低氧光亮铜杆（高导电铜杆）与无氧铜杆成分相比。最大的区别在于它们可以保留除铜以外的一定量的金属元素（杂质），总含量可达 400×10^{-6}（无氧铜杆要求小于 50×10^{-6}）减少了废杂铜精炼过程中脱除大量金属元素所花费的代价。

前几年，国内开始引进西班亚的 La Farga Lacambra 的技术和设备，已有两家企业投入生产。江钨集团是国内第一家引进废杂铜生产高导电铜杆（ϕ8mm 铜杆）生产线的企业。主要工艺是采用 COS-MELT 组合炉处理含铜 96% 的废杂铜。有两条熔炼生产线，一条为竖炉配两台 50t 倾动炉，处理含铜 96% 的废杂铜；一条为一台 150t 倾动炉，用流槽和 COS-MELT 组合炉连接，设计处理含铜 92% 的废杂铜。两套熔炼系统共用一条 Continuus-Properzi 连铸连轧生产线，年产高导电铜杆能力为12万吨。天津大无缝铜材有限公司是第二家，采用的是倾动炉生产工艺和设备，有2台150t倾动炉，一条20t/h的连铸连轧生产线，设计处理含铜92%的废杂铜，年生产高导电铜杆（ϕ8mm铜杆）8万吨。针对国内废杂铜冶炼技术长期落后，先进技术依赖进口的局面，近期国内有些单位和企业先后开发了一些先进的技术和设备，并已在一些大项目中开始应用，有些技术和装备已超过国外的水平。从项目规模上看，由于国家“十二五”《再生有色金属产业发展推进计划》中提出要在珠江三角洲、长江三角洲、环渤海和成渝经济区等具备一定产业基础的区域支持改扩建20万吨再生铜项目6~8个，所以正在兴建和拟建的20万吨以上规模的再生铜冶炼项目就有5个以上，还有多个10万吨规模的冶炼项目和再生铜直接制杆的项目。

第二节 国外废杂铜冶炼技术

国外企业采用先进的熔炼技术处理低品位废杂铜，比较典型的炉型有：奥斯麦特炉、艾萨炉、卡尔多炉。这些设备技术先进，熔炼强度大，烟气温度高，密闭作业等，可以间接对二恶英进行有效的治理，可以取得比较满意的环保效果。

一、奥斯麦特炉处理复杂含铜废料

日本同和公司的小坂冶炼厂是世界上第一个采用奥斯麦

特炉处理复杂含铜废料的企业。入炉原料为低品位铜废料约40%，低品位含铜黑矿约10%，炼锌过程中产生的残渣约50%。

奥斯麦特喷枪采用粉煤做燃料，加入炉料直径在50mm以下，通过炉顶加料机加入炉内。熔炼产生的以铜为主的熔融物水淬之后采用湿法工艺回收其中的铜和贵金属。见图5-1。

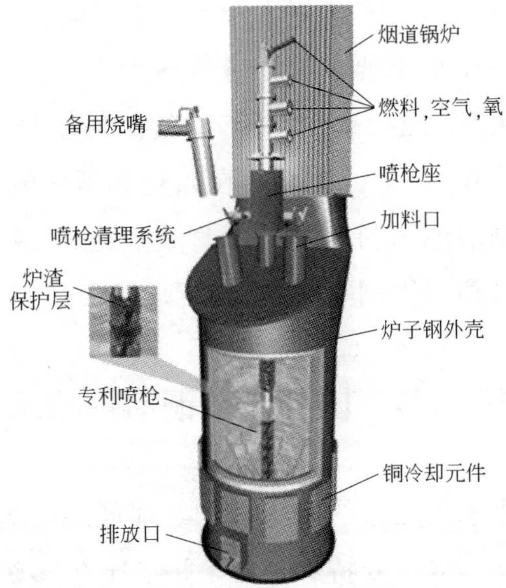

图5-1　奥斯麦特炉示意图

年处理废杂铜原料6万吨，年产铜1.2万吨、金5t、白银500t、铅2.5万吨、铋200t，以综合回收贵金属为目的。

从2008年3月运行以来，炉时率偏低，月平均运转率在60%左右，至2010年3月才逐步正常。运行中存在的主要问题：原料繁杂，配料困难；间断运行，生产成本高；耐火材料要求高。

二、艾萨炉处理低品位废杂铜

北德精炼公司 Kayser（凯撒）冶炼厂采用 1 台艾萨炉取代 3 台鼓风炉和 1 台 PS 转炉来处理废杂铜和残渣。通过几年的生产实践，开发了“凯撒回收再生系统”（KRS）再生铜工艺。见图 5-2。

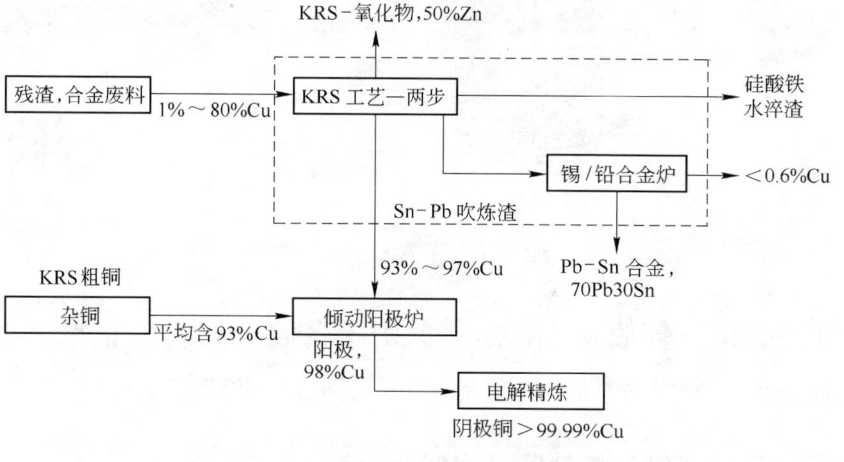

图 5-2　凯撒（KRS）工艺流程图

一台艾萨炉间断地进行熔炼和吹炼含铜残渣和废铜，先在艾萨炉中进行还原熔炼，产出黑铜和硅酸盐炉渣，黑铜继续吹炼，产出含铜 95% 的粗铜。富集 Sn-Pb 的炉渣在锡、铅合成炉中处理成锡铅合金。见图 5-3。

KRS 中艾萨炉熔池熔炼的主要优势是：熔炼渣含铜低，

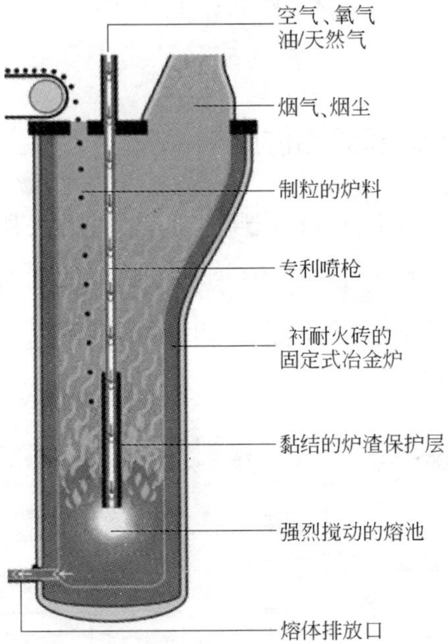

图 5-3 艾萨炉示意图

工厂铜的总回收率高；运行的炉子台数少；烟气量大大降低；能耗降低 50% 以上；排放总量减少 90%。

三、卡尔多炉处理低品位废杂铜

卡尔多炉处理低品位废铜是一种先进的熔炼技术，主要体现在金属回收率高和环境效益好等方面。

意大利威尼斯附近的 Nuova Samim 铜冶炼厂利用波立登的卡尔多炉技术处理低品位废杂铜，年产粗铜 2.5 万吨。俄罗斯的 Kasimov 利用卡尔多炉技术处理废杂铜和废旧电子元件。2007 年，中国江西铜业引进卡尔多炉处理废杂铜，年产铜5万吨。

卡尔多炉处理低品位废杂铜分加料、熔炼、放渣、吹炼、出铜5个步骤，在一台炉内分阶段完成，粗铜品位可达到96%。卡尔多炉处理废杂铜工艺是国外二段法处理废杂铜的一种先进工艺。其反应过程通常用废杂铜原料中的铁作为还原剂，添加石英石熔剂。卡尔多炉工作现场见图5-4。

图5-4　卡尔多炉工作现场图

卡尔多炉可以处理含铜15%～99%的废杂铜，适应性强，物料不用预处理，可以直接入炉；可以控制氧化和还原气氛；炉体结构紧凑，密闭性强，环保条件好；但炉体转动部件多，结构复杂，投资昂贵，单炉产能小于5万吨。炉内间断作业，炉内温差大，烟气流速高，耐火砖损耗高，炉寿命较短，不适合大规模处理低品位废杂铜，适合处理含贵金属高的物料，附加值高，经济效益较好。国外低品位废杂铜处理工厂与国内企业相比具有以下特点：

（1）原料预处理好。国外废杂铜原料基本是经过预处理后的，电子废料也基本成碎屑状，这样大大减少了有机物进入冶炼、加工环节，避免有机物高温燃烧产生二恶英等毒性物质的可能性，同时也可对有机物进行有效回收利用。

（2）综合利用好。大多数工厂的工艺和装备能够处理品位低、成分复杂的原料，而且能够对有价金属进行有效回收，有些工厂能回收10多种单一金属，实现了资源最大限度的回收和利用。

（3）机械化、自动化程度高，规模化经营。大多数工厂采用了DCS、PLC等自动化控制系统，提高了生产效率，降低了劳动强度，保障安全生产和产品质量。且企业集中，生产效益好。

（4）环保和安全条件好。国外企业环保意识强，各家工厂都有完善的烟气、烟尘和废水处理设施，并且进行严格管理，所以均能做到清洁生产，满足严格的环保和安全生产标准。

传统的低品位废杂铜的再生利用采用鼓风炉熔炼—转炉吹炼—阳极炉精炼的三段法，流程长、能耗高，环境污染严重，属于2011年国家发改委发布的《产业结构调整指导目录（2011年本）》淘汰类工艺。

采用阳极炉处理低品位废杂铜，需要反复氧化还原，能耗高、生产周期长、耐火材料损耗大，经济上不合理，环保问题难以解决。

引进卡尔多炉或奥斯麦特炉工艺，不但设备价格昂贵，而且需要支付高昂的专利费和技术服务费。应用中存在共性问题：耐火材料要求高、损耗大、炉寿命短；生产运行成本高；渣含铜偏高，需要再处理。

四、Mitsubishi 法熔炼、吹炼废铜

Mitsubishi 熔炼、吹炼系统广泛应用于处理各种废铜。图 5-5 所示的是 Naoshima Mitsubishi 熔炼炉中废铜的处理流程图。低品位的废铜颗粒通过旋转式喷枪喷入熔炼炉，较大的废铜则通过炉顶和侧墙的加料槽加入炉内，而高品位大块废铜则直接加入炉内。

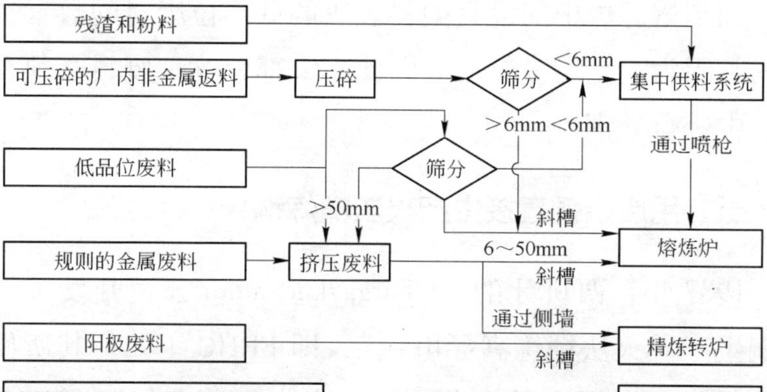

图 5-5 Mitsubishi（三菱）熔炼工艺流程图

符合尺寸要求的废料与精矿粉混合后通过熔炼炉的旋转喷枪加入熔炼炉内，大块废料则通过炉顶和炉壁斜道加入到熔炼和吹炼炉。Mitsubishi 吹炼会放出大量的热，因此，允许大量的废料在吹炼炉中熔炼。

最大块儿的废料比如阳极模，则通过阳极炉的大入口加入到熔炼炉的阳极炉中。由于阳极模尺寸较大而不能加到 Mitsubishi 炉中。

一定数量的小块废料也可加入到电弧炉中。事实上，对于熔炼电子废铜来说，使用熔炼炉比吹炼炉更为合适，因为电子废铜中含有塑料成分，原因是塑料成分有燃料的价值，可提供熔炼所需的热量；当塑料成分间歇的燃烧的时候它会放出烟和其他的颗粒，这些颗粒就可能通过 Peirce-Smith 吹炼炉的入口逸出而影响工作场所的卫生。而当在密封的电弧炉中燃烧时，这些颗粒就被灰尘收集设备充分的收集。

加到熔炼炉中的没有塑料表皮的低品位废料的数量是有限的，因为它是纯吸热的。因此，大部分这种废料必须在吹炼炉中进行处理。

五、用废杂铜直接生产火法精炼铜杆

1987 年，西班牙的 La Farga Lacambra 公司开发了用废杂铜生产“火法精炼高导电铜”，即 FRHC 工艺。其所使用的原料为 92% 以上的废杂铜，与意大利著名的制造商 Continuus-Properzi 公司合资经营，向全球销售用再生废铜为原料，进行连铸连轧生产火法精炼低氧光亮铜杆的工艺技术和设备。FRHC 工艺执行欧洲标准 EN12861—1999（基本上和中国废杂铜分类标准 GB/T13587—1992 相同），生产的铜杆质量可达到 EN1977（1998）CW005A 标准，含铜量大于 99.93%，电导率大于 100.4% IACS，最高可到 100.9%

IACS。火法精炼高导电铜与无氧铜杆成分相比，最大的区别在于它们可以保留除铜以外的大部分金属元素（杂质），总含量可达 400×10^{-6}（无氧铜杆要求小于 50×10^{-6}）减少了废杂铜精炼过程中脱除大量金属元素所花费的代价。FRHC 工艺的精髓和核心是调整杂质成分和含氧量，而不是最大限度地除杂。通过利用计算机辅助设计，对废杂铜中主要的 15 种杂质元素进行了分析，确定精炼工艺参数，选择特种添加剂及用量。他们通过对各种元素长期的研究和实验，找到各种元素相互化合后形成的微化合物铜合金，不影响铜杆的导电性和力学性能。其主要技术是化学精炼而不光是深度氧化还原。

目前，世界上采用西班牙 FRHC 火法精炼的工艺和设备，主要有 COS-MELT 倾动炉生产工艺和 COS-MELT 组合炉生产工艺两类。COS-MELT 倾动炉生产工艺由加料装置、倾动式精炼炉、除尘装置组成。倾动式精炼炉由炉子本体、烟气沉淀室、燃烧系统、氧化还原精炼系统、液压倾动系统、检测控制系统组成。COS-MELT 组合炉由 1 台竖炉、2 台倾动炉和 1 台保温炉组成。熔融铜废料和电铜可连续加入竖炉熔化后进入两台倾动炉，倾动炉主要起氧化还原和精炼作用，它的工艺过程和倾动炉生产工艺类似。2 台倾动炉根据精炼周期交替向保温炉提供合格铜液。保温炉主要起平衡铜液的作用，保证连续的给连铸连轧机提供铜液。同时，可以精确控制液态金属铜的流量和温度。

COS-MELT 倾动炉可以处理 92% 以上废杂铜。COS-MELT 组合炉使用含铜量在 96% 以上的废杂铜。

第三节 废杂铜冶炼技术和设备的发展趋势

废杂铜冶炼技术的发展必须适应原料品位越来越复杂、节能减排越来越严格的要求，结合国外废杂铜冶炼技术发展历程和现状，国内未来技术发展应侧重于以下几个方面：

（1）中、高品位废杂铜混合一段法精炼技术。国内外目前一段法用的废杂铜品位在92%以上，仅能搭配处理少量低品位的废杂铜，未来应该研究将混合品位在80%以下的废杂铜一段法精炼到合格阳极铜的技术，让很多企业可以多搭配处理低品位的废料，以获取更高的经济效益。一段法精炼技术向低品位发展的核心是引入富氧精炼，辅以氮气搅拌技术使精炼炉兼具转炉吹炼的一些功能，以提高氧化造渣速度。同时，还要根据杂质成分研究不同渣型和造渣剂，保证杂质的有效脱除以及降低炉渣含铜。

NGL炉因其构造类似于阳极炉和转炉，可设较多风口，且扒渣方便。中国瑞林工程技术有限公司已申请了采用氮气搅拌和富氧气体精炼废杂铜工艺的发明专利并获授权（授权号：CN200910168628.1）。

（2）大规模低品位铜料处理技术和装备。卡尔多炉和鼓风炉处理低品位铜料能耗很高，而且单系列规模仅为年处理2万～5万吨铜金属，对于10万吨规模工厂需要两套装置，投资和生产成本较高。国外已有几家采用大型固定式氧气顶吹炉工艺（包括ISA、奥斯麦特、TBRC等工艺）处理低品位废杂铜的工厂，但是技术封锁非常严，所以目前中国瑞林公司和铜陵有色公司已确定自主开发规模为10万～20万吨铜的固定式氧气顶吹炉系统。采用产、学、研、用相结合的技术攻关方法，参考氧气顶吹炉处理铜精矿的实践，研究处理冶炼低品位废杂铜时各种工艺参数，操作制度，炉渣渣型控制以及烟气高效净化和二恶英控制技术等。

同时，云南铜业也在开发一种双顶吹工艺，将铜精矿和废杂铜混合熔炼，充分利用铜精矿熔炼过程的余热，降低废杂铜冶炼能耗。

（3）再生铜中有价金属综合回收技术。随着废杂铜中复合铜材料的不断增加，对废杂铜的处理应从主要回收铜和金银转向综合回收有价元素。对铜废料中的贱金属如Sn、Ni、Pb、Fe、As、Sb、Bi和稀贵金属如In、Se、Te、Pt、Pd等应能有效回收，如研究先采用火法冶炼进行富集，实现稀贵金属和贱金属的分离，然后采用湿法冶金方法实现单一金属的回收等。

（4）高品位废杂铜直接生产火法精炼铜杆技术。由于废杂铜直接生产火法精炼铜杆有很好的经济效益和产品市场，而引进国外技术和设备费用昂贵，所以开发自主创新的技术势在必行。根据我国引进西班牙的La Farga Lacambra的技术和设备投入生产存在的问题，如专用造渣剂成本高、难以处理96%以下的废铜，两个工厂都无法实现连续生产，熔炼周期与轧机的生产不匹配，轧机的能力不能充分发挥，投入产出比欠佳等问题，国内已经在研究专用造渣剂和杂质脱除控制技术。如果与国内开发的高品位废杂铜精炼工艺相配合，将精炼炉和铜杆加工设备相集成，同时开发完善的自动化系统，可望用90%以下的废杂铜直接生产火法精炼铜杆，预计成套装置的技术经济指标将明显好于国外技术和设备。

第二章 再生铝冶炼和加工

第一节 再生铝的熔炼

一、金属合金熔炼的基本任务

金属合金熔炼的基本任务就是把某种配比的金属炉料投入熔炉中，经过加热和熔化得到熔体，再对熔体进行成分调整，得到合乎要求的合金液体。并在熔炼过程中采取相应的措施控制气体及氧化夹杂物的含量，使其符合规定成分（包括主要组元或杂质元素含量），保证铸件得到适当组织（晶粒细化）高质量合金液。

由于铝元素的特性，铝合金有强烈产生气孔的倾向，同时也极易产生氧化夹杂。因此，防止和去除气体和氧化夹杂就成为铝合金熔炼过程中最突出的问题。为了获得高质量的铝合金液，对其熔炼的工艺就必须严格把关，并采取措施从各个方面加以控制。

二、铝合金熔炼工艺过程

装炉→熔化（加铜、锌、硅等）→扒渣→加镁、铍等→搅拌→取样→调整成分→搅拌→精炼→扒渣→转炉→精炼变质及静置→铸造。

装炉：正确的装炉方法对减少金属的烧损及缩短熔炼时间很重要。对于反射炉，炉底铺一层铝锭，放入易烧损料，再压上铝锭。熔点较低的回炉料装上层，使它最早熔化，流下将下面的易烧损料覆盖，从而减少烧损。各种炉料应均匀平坦分布。

熔化：过程及熔炼速度对铝锭质量有重要影响。当炉料加热至软化下塌时应适当覆盖熔剂，熔化过程中应注意防止过热，炉料熔化液面呈水平之后，应适当搅动熔体使温度一致，同时也利于加速熔化。熔炼时间过长不仅降低炉子生产效率，而且使熔体含气量增加。因此，当熔炼时间超长时应对熔体进行二次精炼。

扒渣：当炉料全部熔化到熔炼温度时即可扒渣。扒渣前应先撒入粉状熔剂（对高镁合金应撒入无钠熔剂）。扒渣应尽量彻底，因为有浮渣存在时易污染金属并增加熔体的含气量。

加镁与加铍：扒渣后，即可向熔体中加入镁锭，同时应加熔剂进行覆盖。对于高镁合金，为防止镁烧损，应加入0.002% ~0.02%的铍。铍可利用金属还原法从铍氟酸钠中获得，铍氟酸钠是与熔剂混合加入。

搅拌：在取样之前和调整成分之后应有足够的时间进行搅拌。搅拌要平稳，不破坏熔体表面氧化膜。

取样：熔体经充分搅拌后，应立即取样，进行炉前分析。

调整成分：当成分不符合标准要求时，应进行补料或冲淡。

熔体的转炉：成分调整后，当熔体温度符合要求时，扒出表面浮渣，即可转炉。

熔体的精炼：变质成分不同，净化变质方法也各有不同。

三、成分调整

在熔炼过程中，金属中各元素均由于它们自身的氧化而减少，它们被氧化程度的多少，不仅与本身对氧的亲和力的大小有关之外，还与该元素在液体合金中的浓度（活度）、生成氧化物的性质，以及所处的温度等因素有关。一般来说，对氧亲和力较大的元素损失多些，铝、镁、硼、钛和锆等对氧亲和力很强；碳、硅、锰等其次；铁、钴、镍、铜及铅等较弱。所以，在熔炼合金中对氧亲和力较强的元素，将要被“优先氧化”而造成过多的损耗；相反，那些对氧亲和力较弱的元素，则能相对的受到“保护”而损耗少些。

通过熔炼后，合金化学成分中某元素因氧化损耗而使其含量增加或降低，应视该元素与基体金属元素的相对损耗而定。相对损耗多的元素其含量将降低，称为“烧损”；相对损耗少的元素，含量将增加，可称“烧增”；为能正确控制熔体的化学成分，在选配金属炉料时，应考虑到熔炼后的变化，在各元素加入量上进行相应的补偿。

在实际的熔炼中，合金中元素的烧损程度还受原材料品质、熔剂及炉渣、操作技术、特别是生成氧化物的性质的影响。

四、熔炼过程中气体和氧化物的防止

前面已经谈到，铝液中气体及氧化夹杂的主要来源是 H_2O，而 H_2O 则是从搅入铝液的表面氧化膜上、炉料表面（特别是受潮气腐蚀的炉料）、熔化浇注工具以及精炼剂、变质剂中带入铝液。而搅入铝液的氧化膜以及夹杂物较多的低品级炉料（如溅渣、碎块重熔锭）将在铝液中形成氧化物夹杂物。为此，应从熔炼浇注过程中注意下列各点：

（1）坩埚和熔化浇注工具。使用前应仔细地除去黏附在表面的铁锈、氧化渣、旧涂料层等脏物，然后涂上新涂料，预热烘干后方可使用。熔化浇注工具和转运铝液的坩埚在使用前均应充分预热。

（2）炉料。炉料在使用前应保存在干燥处，如炉料已经受潮气腐蚀则在配料前进行吹砂以除去表面腐蚀层。回炉料表面常常黏附砂子（SiO_2），部分 SiO_2 和铝液会发生下列反应：$4Al + 3SiO_2 \longrightarrow 2Al_2O_3 + 3Si$，所生成的 Al_2O_3 及剩余 SiO_2 均在铝液中形成氧化夹杂，故在加这类料前也应经吹砂后使用。由切屑、溅渣等重熔铸成锭的三级回炉料中常含有较多氧化夹杂物及气体，故其使用量应受到严格的限制，一般不超过炉料总量的15%，对重要铸件则应完全不用。炉料表面也不应有油污、切削冷却液等物，因为各种油脂都是具有复杂结构的碳氢化合物，油脂受热而带入氢。

炉料在加入铝液时必须预热至150~180℃以上，预热的目的一方面是为了安全，防止铝液与凝结在冷炉料表面上的水分相遇而发生爆炸事故；另一方面是为防止将气体和夹杂物带入铝液。

（3）精炼剂、变质剂。因其中有些组元很易吸收大气中的水分而潮解，有些则本身含有结晶水。因此，在使用前应经充分烘干，某些物质如 $ZnCl_2$ 则需经重熔去水分后方能使用。

（4）熔化、浇注过程的操作。熔化搅拌铝液应平稳，尽量不使表面氧化膜及空气搅入铝液中。应尽量减少铝液的转注次数，转注时应减低液流的下落高度和减少飞溅。浇注时浇包嘴应尽量接近浇口杯以减少液流的下落高度，并应匀速浇注，使铝液的飞溅及涡流减至最少。在浇注完铸件后，勺中剩下的铝液不应倒回坩埚而浇入锭模，否则将使铝液中氧化夹杂不断增加。在坩埚底部约50~100mm深处的铝液中沉积有较多的 Al_2O_3 等夹杂物，因此不能用来浇注铸件。

（5）熔炼温度、熔炼及浇注过程的持续时间。升高温度将加速铝液与 H_2O、O_2 之间反应，氢在铝液的溶解度也随熔炼温度的升高而急剧增加，当温度高于900℃时，铝液表面氧化膜成为不致密的，更使上述反应显著加剧，故大多数铝合金的熔炼温度一般不超过760℃。至于铝液表面氧化保护膜疏松的铝-镁合金，铝液与H_2O、O_2间的反应对温度的升高更为敏感，因此对铝镁合金的熔炼温度限制更严（一般不超过700℃）。

熔炼及浇注过程的持续时间（尤其是精炼后至浇注完毕相距的时间）越长，则铝液中的气体及氧化夹杂物含量也越高。因此，应尽量缩短熔炼及浇注的持续时间，特别是应尽量缩短精炼至浇注完毕的时间，工厂中一般要求在精炼后2小时内浇完。如浇不完则应重新精炼，在天气潮湿地区以及铸件要求针孔度级别较高，或是易产生气孔、夹杂的合金，则浇注时间应限制得更短。

第二节　再生铝的精炼除杂

当金属熔化成分调整完毕后，接下来就是铝液的精炼工序。铝合金精炼的目的是经过采取除气、除杂措施后获得高清洁度的、低含气量的合金液。精炼有下列几种方法：加入氯化物（$ZnCl_2$、$MnCl_2$、$AlCl_3$、C_2Cl_6、$TiCl_4$等）；通气法（通入N_2、Cl_2或N_2和Cl_2混合物）；真空处理法；添加无毒精炼剂法；超声波处理。

按其原理来说，精炼工序有两方面的功能：对溶解态的氢，主要依靠扩散作用使氢脱离铝液；对氧化物夹杂，主要通过加入熔剂或气泡等介质表面的吸附作用来去除。

一、除气

一般都是采用浮游法来除气，其原理是在铝液中通入某种不含氢的气体产生气泡，利用这些气泡在上浮过程中将溶解的氢带出铝液，逸入大气。为了得到较好的精炼效果，应使导入气体的铁管尽量压入熔池深处，铁管下端距离坩埚底部100～150mm，以使气泡上浮的行程加长，同时又不至于把沉于铝液底部的夹杂物搅起。通入气体时应使铁管在铝液内缓慢地横向移动，以使熔池各处均有气泡通过。尽量采用较低的通气压力和速度，因为这样形成的气泡较小，扩大了气泡的表面积，且由于气泡小，上浮速度也慢，因而能去除较多的夹杂和气体。同时，为保证良好的精炼效果，精炼温度的选择应适当，温度过高则生成的气泡较大而很快上浮，使精炼效果变差。温度过低时铝液的黏度较大，不利于铝液中的气体充分排出，同样也会降低精炼效果。

用超声波处理铝液也能有效地除气。它的原理是通过向铝液中通入弹性波，在铝液内引起“空穴”现象，这样就破坏了铝液结构的连续性，产生了无数显微真空穴，溶于铝液中的氢就迅速地逸入这些空穴中成为气泡核心，继续长大后呈气泡状逸出铝液，从而达到精炼效果。

二、除杂

对于非金属夹杂，使用气体精炼方法能够有效去除，对于要求较高的材料还可以在浇注过程中采用过滤网的方法或使熔体通过熔融熔剂层进行机械过滤等来去除。

对于金属杂质，一般的处理方法是化有害因素为有利因素。即通过合金化方法将其变为有益的第二相，以利于材料性能的发挥。如果一定要去除的，多数情况下是利用不同元素沸点差异进行高温低压选择性蒸馏，来达到除去金属杂质的目的。

由含铝废料熔炼成的铝合金往往含有超标的金属元素，应尽量将其除去。可以采用选择性氧化，可将与氧亲和力比铝与氧亲和力大的各种金属杂质从熔体中除去。例如，镁、锌、钙、锆等元素，通过搅拌熔体而加快这些杂质元素的氧化，这些金属氧化物不溶于铝液中而进入渣中，这样就可以通过撇渣而将其从铝熔体中去除。

还可以利用溶解度的差异的方法来除去合金中的金属杂质。例如，将被杂质污染的铝合金与能很好溶解铝而不溶解杂质的金属共熔，然后用过滤的方法分离出铝合金液体，再用真空蒸馏法将加入的金属除去。通常用加入镁、锌、汞来除去铝中的铁、硅和其他杂质，然后用真空蒸馏法脱除这些加入的金属。例如，将被杂质污染的铝合金与30%的镁共熔后，在近于共晶温度下将合金静置一段时间，滤去含铁和硅的初析出晶相，再在850℃下真空脱镁。此时，蒸气压高的杂质如锌、铅等也与镁一起脱除，除镁后的纯净铝合金即可铸锭。

为了进一步提高铝合金液质量，或者某些牌号铝合金要求严格控制含氢量及夹杂物时，可采用联合精炼法，即同时使用两种精炼方法。比如氯盐—过滤联合精炼，吹氩—熔剂联合精炼等方法都能获得比单一精炼更好的效果。

三、组织控制与变质处理

（一）亚共晶和共晶型铝硅合金的变质处理

铝硅合金共晶体中的硅相在自发生长条件下会长成片状，甚至出现粗大的多角形板状硅相。这些形态的硅相将严重地割裂 Al 基体，在 Si 相的尖端和棱角处引起应力集中，合金容易沿晶粒的边界处，或者板状 Si 本身开裂而形成裂纹，使合金变脆，力学性能特别是伸长率显著降低，切削加工功能也不好。为了改变硅的存在状态，提高合金的力学性能，长期以来一直采用变质处理技术。

（二）变质元素

对共晶硅有变质效果的元素有：钠（Na），锶（Sr），硫（S），镧（La），铈（Ce），锑（Sb），碲（Te）等。目前，研究主要集中在钠、锶、稀土等几种变质剂上。

（1）钠变质（Na）。钠是最早而最有效的共晶硅变质元素，加入方式有金属钠、钠盐及碳酸钠三种。

1）金属钠。最初采用的变质剂是金属钠，钠的变质效果最佳，可以有效地细化共晶组织，加入较小的量（约0.005%～0.01%），即可把共晶硅相从针状变质成为完全均匀的纤维状。但采用金属 Na 变质存在一些缺点，首先变质温度为740℃，已接近钠的沸点（892℃）。因此，铝液容易沸腾，产生飞溅，促使铝液氧化吸气，操作不安全；其次，钠密度小（$0.97g/cm^3$），变质时富集在铝液表面层，使上层铝液变质过度，底部则变质不足，变质效果极不稳定。同时，钠极易与水气反应生成氢气，增加铝液的含气量。钠化学性质非常活泼，在空气中极易和氧气等反应，一般要浸泡在煤油中保存，在使用前必须除去煤油，这也是一件难度很大的事情，但不除去又会给铝液中带入气体和夹杂。

2）钠盐。生产中一般应用的变质剂是含 NaF 等卤盐的混合物，利用钠盐和铝反应生成钠而起变质作用。但这些钠盐极易带入水气，会增大合金吸气氧化倾向，同时这些钠盐对环境具有腐蚀作用，对身体健康有损害。

3）碳酸钠。以碳酸钠为主的变质剂是应克服采用上述钠盐变质的环保问题而开发的无公害变质剂。也即利用碳酸钠和铝、镁在高温下反应，生成钠而起到变质作用，此反应过程和反应产物都是无毒的。同样，这类无公害变质剂也存在着吸水而增加铝合金吸气氧化倾向的问题。

采用钠变质还有一个不容忽视的缺点，就是变质效果维持时间短，是一种非长效变质剂。钠盐变质剂的有效期只有30~60min，超过此时间，变质效果自行消失，温度越高，失效越快。因此，要求变质过的铝液必须在短时间内用掉，重熔时，必须重新变质。而且，精确控制钠变质的过程是比较困难的。所以，目前钠变质正逐渐被一些长效变质方法所取代。

（2）锶变质（Sr）。锶（Sr）是一种长效变质剂，变质效果与钠相当，且不存在钠变质的缺点，是很有应用前途的变质剂。英国、荷兰等国从20世纪80年代初就开始推广应用锶（Sr）变质方法。目前，对于锶变质，国内外做了不少研究，中国使用锶（Sr）代替钠或钠盐的规模也在日益扩大。锶变质有如下优点：1）变质效果良好，有效期长；2）变质过程，无烟、无毒，不污染环境，不腐蚀设备、工具，不损害健康，操作方便；3）易获得满意的力学性能；4）回炉料有一定的重熔变质效果；5）铸件成品率高，综合经济效益显著。但是，实践表明，变质后的合金易产生缩松，增加铸件的针孔度，降低合金的致密性，出现力学性能衰退的现象。

（3）锑变质（Sb）。锑（Sb）可使共晶硅由针状变为层片状。为获得层片状，其最佳加入范围通常为0.15%～0.2%。它的变质效果不如钠和锶。加锑变质一个突出优点是变质时间长（8h以上）。锑的熔点630.5℃，密度为6.68g/cm^3，所以，比较容易控制锑含量，不易造成变质不足和过变质现象，也不增大铝液的吸气与氧化夹杂倾向。但它的变质效果受冷却速度的影响较大，对金属型和冷却较快的铸件有较好的变质效果，但对缓冷的厚壁砂型铸件变质效果不明显，使用上受到一定限制。

（4）碲变质（Te）。碲（Te）是中国研究成功的变质剂。碲变质的作用和锑变质相似，是促使硅以片状分枝方式被细化，而不能变为纤维状，变质效果比锑强。其变质效果具有长效性，变质后经8h或重熔效果不变。同样的，它的变质效果受冷却速度的影响也较大。

（5）钡变质（Ba）。钡对共晶硅具有良好的变质作用。与钠、锶、锑相比较，钡的变质效果比较长效，加入量范围宽，加入0.017%～0.2%的钡，都能获得良好的变质组织。加入钡后，合金的抗拉强度明显提高，连续重熔，变质效果仍能保持，变质效果令人满意。采用钡变质的不足之处是对铸件的壁厚敏感性大，对厚壁铸件的变质效果差，为了获得良好的变质效果，必须快冷。同时，钡对氯化物敏感，一般不用氯气或氯盐来精炼。

（6）稀土变质。稀土在铝及铝合金中应用较早的国家是德国，德国早在第一次世界大战期间就成功地使用了含稀土的铝合金。稀土元素可以达到与钠、锶相似的变质效果，即可使共晶硅由片状变成短棒状和球状，改善合金的性能。而且稀土的变质作用具有相对长效性和重熔稳定性，其变质效果可维持5～7h，经对La变质寿命进行检验，含La0.056%的变质合金，经反复熔化-凝固10次仍有变质效果。

稀土由于其化学性质的活泼性，极易与O_2、N_2、H_2等发生反应，从而起到脱氢、脱氧、去氧化皮等作用，因而可以净化铝液。

总之，稀土在Al-Si合金中兼有精炼和变质的双重效果，变质效果具有相当长效性和重熔稳定性。稀土元素的加入提高了合金的流动性，改善了合金的铸造性能，优化了合金的内在质量。还有一个最大的优点就是加入稀土不产生烟气，对环境不造成污染，顺应了时代发展的需要。

四、变质剂的选择

目前，铝合金铸造生产中应用最广的是钠盐变质剂，由钠和钾的卤素盐类组成。这类变质剂使用可靠，效果稳定。在变质剂的组成中，NaF 能起变质作用。与铝液接触后发生如下反应：$3NaF + Al \longrightarrow AlF_3 + 3Na$，反应生成的钠进入铝液中，即起变质作用。由于 NaF 熔点高（992℃），为了降低变质温度，以减少高温下铝液的吸气和氧化，在变质剂中加入 NaCl、KCl。加入一定量的 NaCl、KCl 组成的三元变质剂，其熔点在 800℃以下，在一般变质温度下，处于熔融状态，有利于变质的进行，提高变质速度和效果。此外，呈熔融状态的变质剂容易在液面形成一层连续的覆盖层，提高了变质剂的覆盖作用。为此，NaCl、KCl 又称为助熔剂。

有的变质剂中加入一定量的冰晶石（Na_3AlF_6），这种变质剂具有变质、精炼、覆盖作用，一般称为“通用变质剂”。浇注重要铸件或对铝液的冶金质量要求较高时常采用此变质剂。

在生产中，变质工序一般多在精炼之后、浇注之前进行。变质温度应稍高于浇注温度，而变质剂的熔点最好介于变质温度和浇注温度之间，这样使变质剂在变质时处于液态，并且变质后即可进行浇注，免得停放时间长造成变质失效。此外，在变质处理完毕后，变质后的熔渣已经变为很稠的固体，便于扒去，不致把残留的熔剂浇入铸型中，形成熔剂夹渣。

选择变质剂时，一般根据所要求的浇注温度来确定变质剂的熔点和变质温度，接着就可以按照所选的变质剂熔点选择合适的变质剂成分。

五、变质工艺因素的影响

变质工艺因素主要为：变质温度、变质时间、变质剂种类及用量。

（一）变质温度

温度高些，对变质反应进行有利，钠的回收率高，变质速度快，效果好。但变质温度不能过高，过高会急剧增加铝液的氧化和吸气，并使铝液中铁杂质增加，降低坩埚的使用寿命。一般来说，变质温度应选择在稍高于浇注温度为宜。这样避免了变质温度过高，可以减少变质后调整温度的时间，有利于提高变质效果和铝液的冶金质量。

（二）变质时间

变质温度越高以及铝液和变质剂接触的状况越好，则所需的变质时间就越短。变质时间应按具体情况，在实验的基础上确定。变质时间太短，则变质反应进行不完全；变质时间过长，会增加变质剂的烧损，增加合金的吸气和氧化。

变质时间由两部分组成：变质剂覆盖时间一般为10～15min，压入时间一般为2～3min。

（三）变质剂种类及用量

应根据合金的种类、铸造工艺及对组织控制的具体要求，来选择合适的变质剂种类及用量。选择无毒、无污染并有长效变质效果的变质剂是目前铝合金熔炼工艺的发展方向。

在生产实践中，应考虑到变质剂反应可能进行不完全，所以变质剂用量不能过少，否则变质效果不好。但变质剂用量也不宜过多，过多会产生过变质现象。因此，变质剂用量一般规定为占炉料质量的1% ~3%。在生产中，通常加入2%就可以保证良好的变质效果。对于金属型铸造的铸件，变质剂用量可适当减少。当采用通用变质剂时，除了考虑变质效果外，还要考虑对这种变质剂的覆盖、精炼能力的要求，通常其变质剂用量为铝液质量的2% ~3%。

六、变质处理的炉前检验

浇注试样，冷却后敲开，根据断口形状判断变质效果。若变质不足，则晶粒粗大，断口呈灰暗色，并有发亮光的硅晶粒可见；若变质正常，则晶粒较细，断口呈白色丝绒状，没有硅晶粒亮点；若变质过度，则晶粒粗大，断口呈现蓝灰色，有硅的亮晶点。

七、过共晶铝硅合金变质处理

过共晶 Al-Si 合金由于含硅量多，使合金的热膨胀系数降低，耐磨性提高，适用于内燃机活塞等耐磨零件。过共晶 Al-Si 合金组织中存在板状初晶硅和针状共晶硅。初晶硅作为硬质点可提高合金的耐磨性，但因为它硬而脆，对合金力学性能不利，并使合金的切削加工性能变坏。因此，过共晶

Al-Si 合金中的共晶硅和初晶硅都要进行变质处理。

长期以来，初晶硅的细化得到了深入的研究。采用超声波振动结晶法，急冷法，过热熔化，低温铸造等都能取得一定效果。但是效果最稳定，在工业上最有使用价值的还是加入变质剂。

目前，实际用于生产的变质剂是磷单质。赤磷使用最早，当加入量为合金质量的 0.5% 时，即可使初晶硅细化。但由于磷的燃点低（240℃），运输不安全，变质时磷会激烈燃烧，产生大量烟雾，污染空气。同时，也使铝液吸收更多的气体，所以磷多与其他化合物混合使用。现在工业上比较常用的方法是以 Cu-P 中间合金形式加入。中间合金含磷量一般为 8% ~10%，加入量在 0.5% ~0.8% 之间。

关于磷对铝硅合金变质的机理，一般认为是磷在合金液中与 Al 形成大量高熔点的 AlP 质点。AlP 与硅相的晶体结构相似，晶格常数相近，AlP 属闪锌矿型结构，晶格常数 $a = 5.451$，熔点为 1060℃；硅晶体的晶格常数 $a = 5.428$。AlP 与硅的最小原子间距离也十分相近，硅为 2.44，AlP 为 2.56。AlP 可作为初生硅的非自发核心，从而细化初生硅。

第三节　再生铝设备

一、废铝熔化工艺设备

废铝重熔工艺流程见图 5-6。

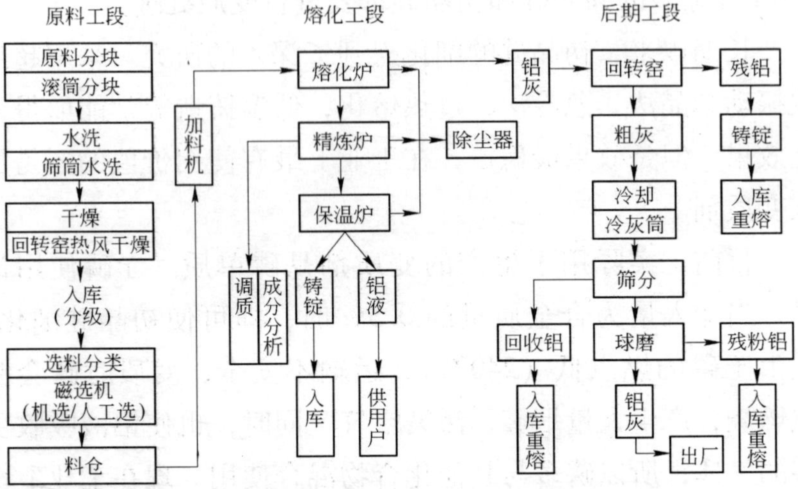

图 5-6　废铝重熔工艺流程图

工业及生活器具回收废铝的特点是成分杂、品种多、体积大小及厚度不一。对这种原料的熔化处理存在烧损大、单耗高、粉尘多、铝水成分不稳定等特点，对熔化工艺设备需提出特殊要求。一般来说，为适应废铝的体积大、杂质多等情况，通常采用反射高容积的室式炉为主熔炉，再配上用作调质处理的精炼炉来完成废铝的熔炼过程，设计采用 50t、25t、15t、8t、6t、4t 等多种规格的废铝反射式熔炼炉。50t 铝屑熔化炉见图 5-7。

为了提高成材率，减少烧损，保持较高的炉温（90 ~ 1000℃），从而提高熔化速度和减少熔化烧损，一般大炉子熔化率都在 5 ~ 6t/h，小炉子在 2t/h 以上。燃烧器上采用高压油烧嘴和中速燃气烧嘴来提高铝锭的表面热交换，

图 5-7　50t 铝屑熔化炉——侧井炉（熔化率 5t/h）

提高熔化速度，特别是在炉膛中采用中性或弱还原性气氛进行加热。

为了提高炉子的热效率，降低燃耗，废铝炉上应用板箱式空气预热器，预热空气温度在 300 ~ 400℃左右，使单耗降低 15% ~ 20%。

在耐火材料方面，结合废铝的熔炼特点，应用不定型和定型耐火材料作为主体筑炉材料，选用高铝质或抗渣性较好、密度高的含铬质耐火材料。

废铝辅助主要设备有加料机、铸锭机、预热器、回转窑、冷灰桶、筛料机、布袋除尘器等设备，见图 5-8 ~ 图 5-11。

二、铝屑新熔炼工艺设备

铝屑新熔炼工艺流程见图 5-12。

图 5-8　13m 冷灰桶

图 5-9　6t 回转窑

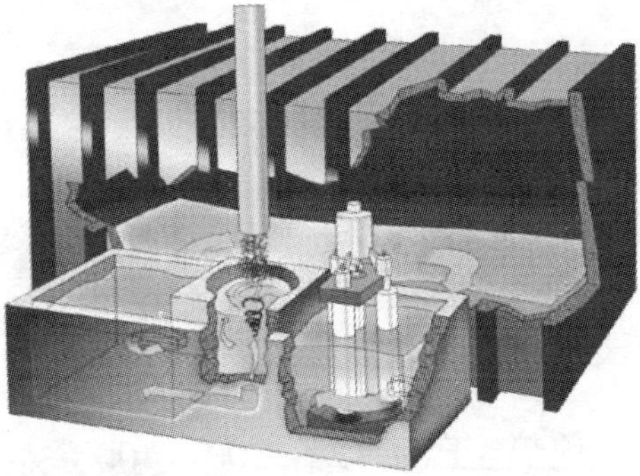

图 5-10　侧井炉——铝屑炉

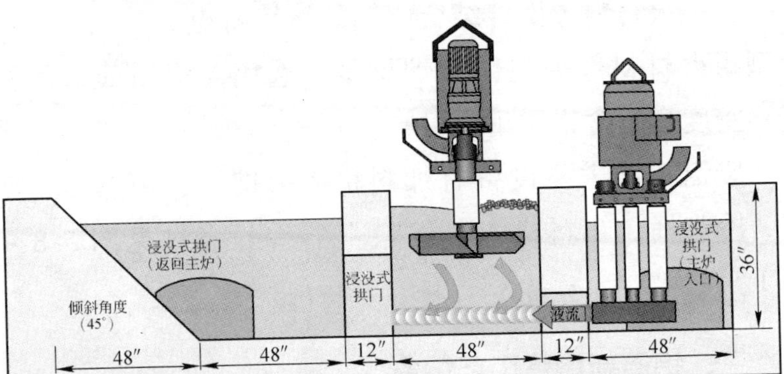

图 5-11　侧井剖面图

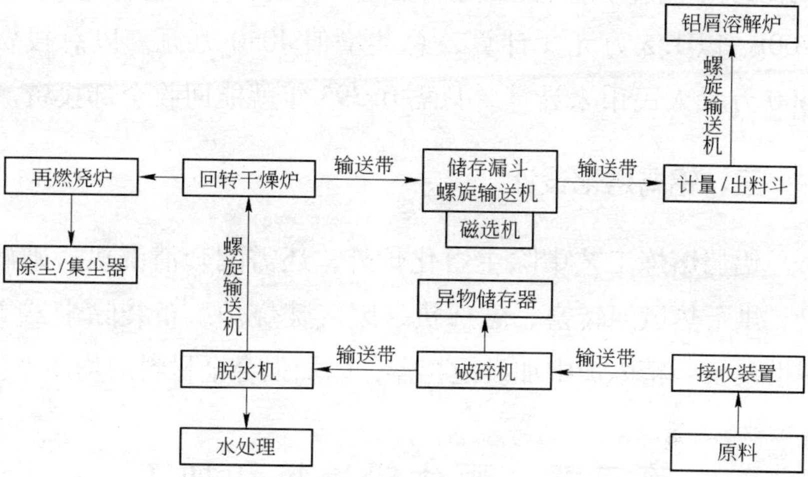

图 5-12　铝屑新熔炼工艺流程图

各种车削铝件的废屑在回收重熔上用普通的反射炉来重熔时，铝屑浮在熔池表面，由于体积小、表面积大，在高温火焰下很快就会被氧化，一般有高达 70% 的烧损，回收率很低。要降低铝屑回收再生的烧损，目前较好的方式就是改变将铝屑用火焰直接熔化的老工艺，用高温铝液直接熔化铝屑。这种方法的关键之处是如何能快速通过一种装置将铝屑沉入铝液内，减少铝屑在空气中同火焰直接接触的时间，以减少烧损。可采用旋转方式，强制将铝屑快速沉入铝水中，这种方法将由一个旋转发生器来完成，形成旋转的方法有喷射式、吸入式、感应式三种。用这种方式熔化铝屑，其成材率可达 80% 左右，比火焰直接加热法的 30% 成材率要高很多、成本低、经济效果好。现简要分析如下：一个年产 4320t 铝锭的炉子，按 80% 成材率计算，原料需要 5400t，同样的原料用原来的工艺生产只能出铝锭 1620t，新旧工艺产量相差 2700t。以 1.5 万元/t 计算，总共增值 4050 万元。以总投资 1600 万元人民币来计算，只需 0.395 年就能回收全部投资。

三、铝屑熔化设计

铝屑熔炼工艺中除主熔化炉外，还需配套清洗机、破碎机、烘干热风回转窑、磁选机、废气焚烧炉、布袋除尘器等辅助设备。精炼炉中加设搅拌器，以加强合金材料的均质性。

第三章　再生铅冶炼和加工

目前，全球再生铅熔炼工艺主要有回转炉、反射炉、鼓风炉和富氧底吹炉。此外，还有少量的工厂采用相对较新的固相电解工艺。

第一节　短回转窑熔炼工艺

用短回转窑作熔炼设备，因炉体不停地转动，炉料会不停地沿炉衬运动而被搅动，有利于传热、传质，使炉料各组分很好地接触，有利于提高炉子的生产效率。炉身短，容易将燃烧器和废气排出口设计在炉子的同一端，这样能保证燃烧的火焰在炉内可来回穿行两次，最大限度地把热传给炉料。这样的设计还允许在装料时可不用关闭燃烧器，使熔炼过程连续进行。如法国某公司有两台 ϕ3.6m×5m 的短窑，每炉的生产效率达到59t/d。生产1t粗铅的消耗为：燃油92kg，铁屑50kg、碳酸钠62kg、煤65kg；电力消耗为：还原熔炼45kW·h、烟气净化105kW·h。目前，国外短回转窑有用氧气—燃料喷枪取代空气—燃油喷油的趋势。其优点是热效率高、熔炼时间短，可在同一容器内有效地造成氧或还原性气氛；由于废气量减少而减轻了控制污染的负担。德国布劳炼铅厂在熔炼废铅蓄电池的短窑中氧气—燃料喷枪，节约燃料和电能60%、废气量减少70%，烟尘由193kg/h减少到57kg/h。

第二节　反射炉熔炼技术

含铅废料的反射炉熔炼既可生产粗铅，也可生产铅合金，同时还可以精炼。因此，反射炉熔炼再生铅在国外比较普遍。其优点是操作简单、投资少、适应性强，可以处理粉状物料需预先制团。可借助炉内氧化性或所含氧化物进行铅的精炼。若往炉内加入煤、炭或焦屑还可进行还原过程。反射炉熔炼的缺点是生产率和热效率较低，且是间断作业。

第三节　鼓风炉熔炼技术

鼓风炉熔炼的特点是对原料成分适应性强、生产能力大、过程连续。该法缺点是烟尘率大，细粒物料需要烧结或制团，并使用昂贵的焦炭。丹麦的Psul bergsoe和Son Konzern公司开发的SB炉的鼓风炉，在结构上与传统鼓风炉有较大区别，其特点是：炉身较宽，能直接处理未经分离的废铅蓄电池，省去了破碎分离和细粒物料的烧结：炉顶两侧设有U形烟道，使有机物在低于500℃的温度下预热分解并充分燃烧，降低了燃料消耗；宽炉膛使热气流上升缓慢，炉顶保持冷状态，烟尘率仅为2%，比一般鼓风炉减少8个百分点，在瑞士、英国等国家也有采用类似SB熔炼炉。

第四节 废旧铅酸蓄电池自动分离-底吹熔炼再生铅（富氧熔池熔炼）新工艺技术

对废旧铅酸蓄电池的破碎分选采用国际先进的CX集成系统，单套系统废旧铅酸蓄电池处理量18万吨/年。“绿色环保再生铅技术”工艺流程见图5-13。废旧铅酸蓄电池经机械自动破碎后，利用各组分物理性质的不同，采用水力分离产出铅膏、板栅、塑料等产物。其中，分离产出塑料进行改性造粒后出售；板栅直接低温熔化成再生铅配铅合金；铅膏采用“底吹熔炼再生铅新工艺技术”，单系统回收利用铅膏金属量规模5万吨/年以上，铅膏按1∶1料比适当配入不同的高金、银等硫化辅料补热，在产出再生铅的同时，实现了金、银等的高效回收利用，为铅膏再生料处理提供了一个很好的出路。同时，铅膏中的硫在熔炼系统中反应生成二氧化硫，采用双转双吸工艺直接生产硫酸，彻底解决了其他再生铅厂硫不能有效回收，对环境有污染等难题，实现了硫的高效环保清洁利用，环保效果好。见图5-14和表5-1。

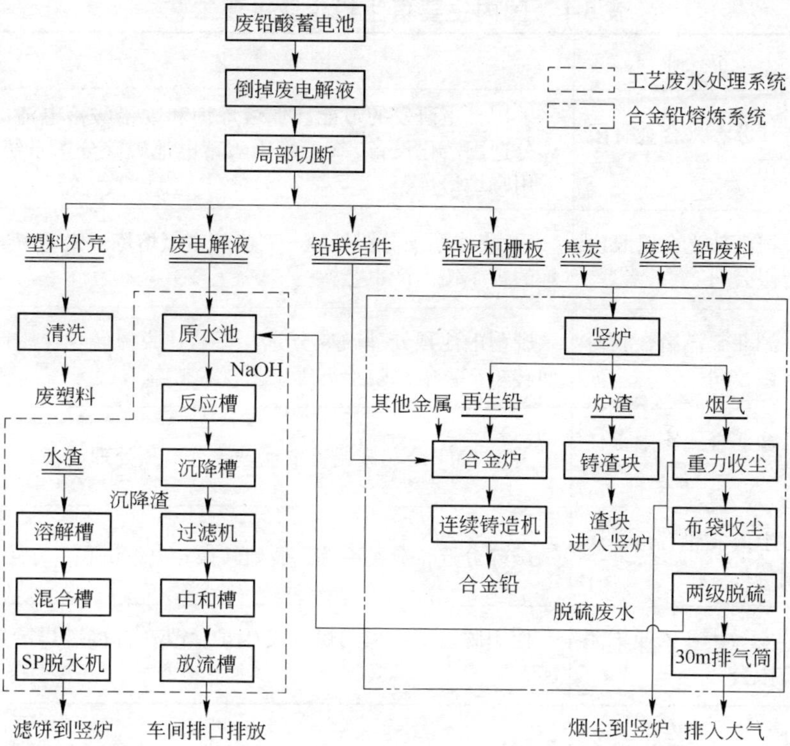

图 5-13　“绿色环保再生铅技术”工艺流程图

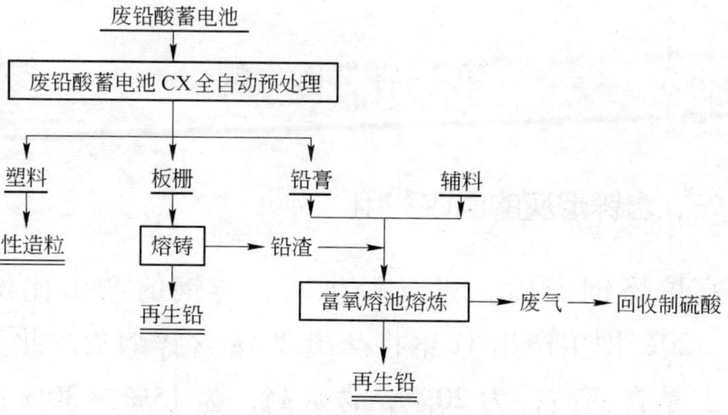

图 5-14　再生铅生产工艺流程图

表5-1 国内主要再生铅企业主要工艺

企业	主要工艺
江苏春兴合金有限公司	采用自主研发的节能环保熔炼炉和废铅酸蓄电池破碎分选国产化设备，MA废铅酸蓄电池破碎分选系统，采用竖炉熔炼铅
河南豫光金铅股份有限公司	CX集成系统分级处理—底吹炉富氧熔炼—铅电解精炼的再生铅生产工艺
湖北金洋冶金股份有限公司	废蓄电池预处理破碎分选、铅膏、脱硫转化、密闭回转短窑富氧燃烧冶炼等工艺技术
豫北金铅有限责任公司	美国LMT公司废铅蓄电池破碎分离预处理设备
上海飞轮有色金属冶炼厂	破碎分选，分类冶炼，脱硫转换，电解沉积
安徽华鑫铅业集团有限公司	使用脱硫塔，采用煤气发生炉，改变直接燃煤冶炼工艺

第四章 其他再生有色金属的提取

第一节 再生锌

一、含锌烟灰的回收利用

高炉炼钢产出大量含锌烟灰，与钢的产出比例约为1000∶20，即生产出1t钢将产出20kg含锌烟灰。此类烟灰的特点是含锌高，为20%；含碳高，为15%～30%；含铁低，为20%；且粒度细。如不合理回收利用，不仅造成锌资源的巨大浪费，也必将引发严重的环境污染。

电弧炉烟尘回收锌的工艺见图5-15。

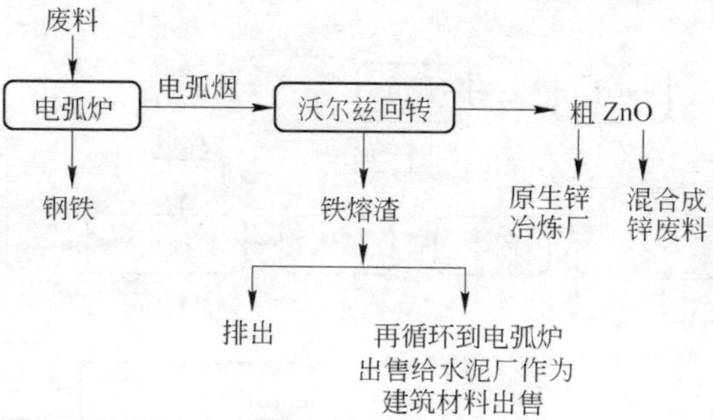

图5-15 电弧炉烟尘回收锌工艺图

回收处理电弧炉烟尘还有一种两步法，采用烟尘与浸出剂逆流浸出法从烟尘中提取锌，见图5-16。烟尘通过两次浸出：第一次，从烟尘中浸出氧化锌；第二次，热盐酸溶液与来自低酸浸出容器的铁酸锌残渣作用。发现热酸浸出残渣中的铁是赤铁矿（Fe_2O_3）和针铁矿（FeO · OH）。热酸浸出滤液的pH值较低，且含较多氯化铁，用此溶液浸出新鲜烟尘。溶液充空气或氧气以脱除滤液中的吨铁，用氧化锌和金属锌粉处理，以脱除低酸浸出滤液中的其他元素，或者同时用活性炭脱除有机物。净液移入有离子交换膜的电积槽，生产HCl和锌。

二、含锌镀件的利用

用于镀锌行业的锌，最终从两个渠道进入报废领域：一

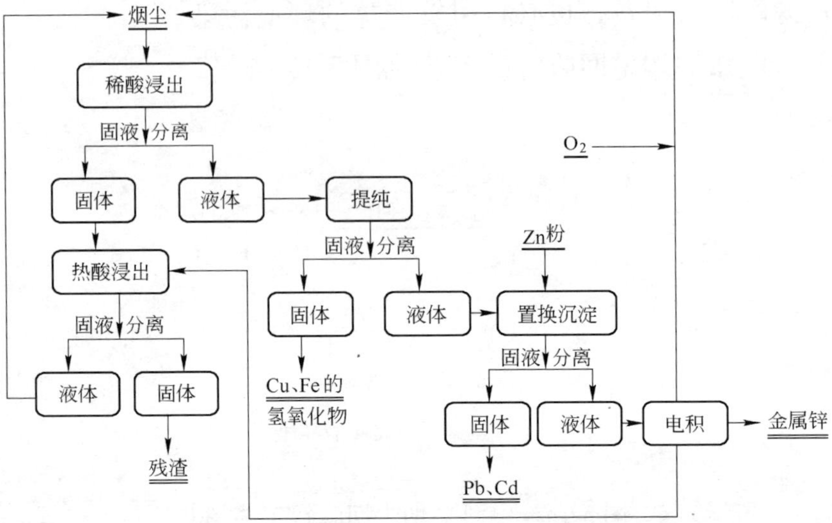

图 5-16 用酸浸和电解法从电弧烟尘中回收锌的工艺流程图

是镀锌过程中产生的、沉积于镀锌槽底部的锌泥、锌渣；二是附着在钢材和钢制品上的锌。镀锌过程中产生的锌泥的锌含量很高，大约在 70%。但是，由于锌泥的产量不高而且分散，无法集中回收。在镀锌过程中，钢板的镀锌利用率比较高，能达到 95%，而成品镀锌的锌利用率只有 90%。即使按照最低的锌利用率 90% 计算，全国每年镀锌行业产生的锌泥量为 10 万吨。而这些锌泥分布相当分散，所以回收再利用较为困难。

第二节 再 生 镍 钴

一、合金钢废料生产电解镍

由于废合金钢的成分复杂、形状各异，所以，必须先火法处理以富集镍并浇铸成块状才能电解。关于合金钢废料生产电解镍的大致流程为：电溶造液—中和—萃取—电积。

阳极板的电溶解在造液槽中进行，电解液为1∶1的工业盐酸，溶液采用定期循环或者连续循环以保证槽内溶液的镍离子浓度和酸度均匀。造液终点控制溶液中 Ni^{2+} 浓度为100g/L、HCl 为8～12g/L。将阳极液和造液按一定比例混合，混合后溶液中含 Ni 为65～70g/L。反应前将溶液加热到60～70℃，然后用氯气使溶液中 Fe^{2+} 氧化成 Fe^{3+}，同时加入碳酸镍或者碳酸钠调整溶液 pH 值为2.7～3.2，使 Fe^{3+} 沉淀。合格溶液经压滤后进入萃取，滤渣中含有一定量的镍，需要1～2 次酸洗，使渣中含镍量降到2%以下，漂洗液做成碳酸镍，作中和剂返回生产系统。萃取一般用 N-235 作为萃取剂分离溶液中各种离子。萃取后的萃取液中还会含有少量的铁、钴以及微量的铅、铜离子，需净化才能进入电解。电解槽内阴极为镍始极片，阳极为镍基合金阳极板。将净化合格的溶液用离子交换盐酸调整 pH 值为4.2～4.6，并配适量硼酸，加温至70～80℃后不断流入电解槽内的阴极室。待阴极室中镍板长至一定厚度即可出槽，经酸洗并在水中煮沸后，即为电解镍产品。

二、合金钢废料生产电解钴

在镍系统萃取过程中，反萃取分两段进行，第一段是反萃取钴和大部分铜，第二段是反萃取铜和铁、锌等杂质。在第一段的反萃钴液中会含有一定量的镍，一般在3g/L左右，为进一步分离镍钴，使 $CoCl_2$ 溶液中 Ni 小于0.03g/L，以符合电解钴的质量要求。

氯化钴电积采用石墨为不溶阳极，钴始极片放到阴极隔膜中电解。在阳极上主要放出氯气，析出的氯气要采用阳极罩密封，经导管吸入氯气吸收塔内处理。

三、废旧氢镍及镉镍电池的处理工艺

火法回收工艺主要利用废旧电池中各金属元素的沸点差异进行分离、熔炼，如真空蒸馏法处理废旧镉镍电池时就是利用镉的低沸点，将其蒸馏回收，而镍、铁等残留在渣中并随后被熔炼成镍铁合金出售。火法冶炼流程比较简单，但其能耗高，且难以获得高价值的回收产品。

采用湿法冶金流程处理废旧氢镍和镉镍电池具有投资小、能耗低、污染小且产品附加值高等优点，特别是这类湿法冶金流程还可兼顾含镍电镀污泥、废催化剂等含镍废物的处理，故湿法冶金流程受到小型回收工厂青睐。废旧氢镍电池湿法处理工艺流程见图5-17。

第三节 再生贵金属

贵金属包括铂、钯、铑、铱、锇、钌、金和银8个元素。前6个元素统称铂族金属。贵金属具有良好的导电性、耐腐蚀性、抗氧化性、延展性、催化活性及较高的密度，由

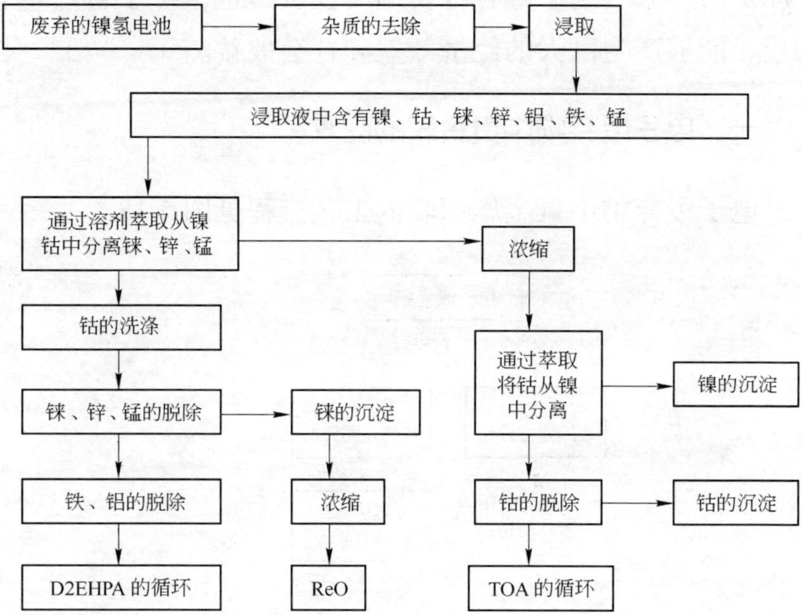

图 5-17 废旧氢镍电池湿法处理工艺流程

于所具有的独特的物理、化学性质，被用做电子、电工、仪表、感光、催化剂等材料，广泛地应用于航空航天工业、电子电器工业、通信、计算机工业、照相器材工业、汽车工业、石油化学工业、建材工业等现代科技和工业领域中，有重要和不可替代的作用，因而被称为现代工业的“维他命”。含贵金属的工业产品经一定使用期后，便成为废料。此外，在贵金属产品生产加工过程中也产生屑、丝、废渣、废液等，都成为宝贵的贵金属二次再生资源。贵金属二次再生资源与矿产资源相比，其贵金属含量较高，组成相对单一。因此，处理工艺相对简单，加工成本较低。同时，节省了原矿的开采、选矿等各种费用的投资，也保护了自然生态环境，能够产生巨大的经济效益和社会效益。

一、电子废弃物中贵金属的回收

电子废弃物中贵金属回收的工艺流程见图5-18。

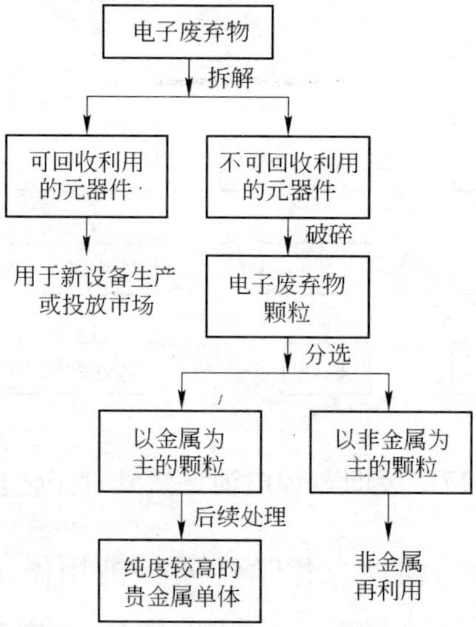

图5-18 电子废弃物中贵金属回收的工艺流程图

电子废弃物中贵金属的回收工艺分为前处理和后续处理两个阶段。前处理阶段主要指机械处理方法，包括拆解、破碎、分选等过程；后续处理阶段包括火法冶金、湿法冶金和生物方法等。早在20世纪70年代，发达国家就开始着手研究从电子废弃物中回收贵金属的技术。中国对电子废弃物中贵金属的回收利用目前还处于起步阶段，机械处理法多是人工拆卸和手工操作，没有大面积实现机械化自动化统一处理；而湿法冶金大多数还处于实验室研究阶段。

二、从废催化剂中回收金和钯

用盐酸加氧化剂多次浸出，使金和钯进入溶液，锌粉置换，盐酸加氧化剂溶解，草酸还原得纯金粉；还原母液用常规法提纯钯。金、钯纯度均可达 99.9%。回收率分别为 97%和96%。

三、从贴金文物铜回收金

将废贴金文物铜放入特制焙烧炉内，于800℃恒温氧化焙烧30min，取出放入水中，贴金层附在氧化铜鳞片上与铜基体脱离。然后，用稀硫酸溶解，溶解渣分离提纯黄金。此法特点是焙烧时无污染废气。用此法处理废文物铜300kg，回收黄金 1.5kg。金回收率大于98%，基体铜回收率大于95%，副产品硫酸铜可作杀虫剂。

四、从废定影液中回收银

感光材料经过曝光、显影、定影之后，黑白片上约有70%~80%的银进入定影液中，彩色片的银几乎全部进入定影液。从废定影液中回收银在国内外均得到高度重视，进行了大量的研究工作，采用的回收方法有离子沉淀法、电解法、金属置换法、药物还原法、离子交换法等。电解法的优点是提银后的定影液可返回作定影使用。目前，国内较大的电影制片厂均使用此法来回收银。

五、从废胶片中回收银

使用稀硫酸液洗脱彩片上含银乳剂层，氯盐加热沉淀卤化银，氯化焙烧或有机溶剂洗涤除有机物，碱性介质用糖类固体悬浮还原得纯银。银纯度99.9%，直收率98%。此法已申请专利。也有采用硫代硫酸钠溶液溶解废胶片上的卤化银，溶解过程中加入抑制剂阻止胶片上明胶的溶解，溶解液经电解回收银，片基回收利用。银浸出率大于99%，回收率98%，银纯度99.9%。此法已应用于工业生产。

六、废银—锌电池的回收利用

废银锌电池含银52.55%、含锌42.7%。锌为负极，氧化银为正极涂在铜网骨架上，采用稀硫酸分别浸锌和铜，银粉直接熔锭。稀硫酸浸铜时加入氧化剂，含锌液经浓缩结晶生产硫酸锌，含铜液浓缩结晶生产硫酸铜。锌回收率大于98%，银回收率98%，银锭纯度大于99%。

七、硝酸工厂中回收铂的方法

硝酸生产所用铂、钯、铑三元合金催化剂网，生产中耗损的贵金属大部分沉积在氧化炉灰中。工艺流程如下：炉灰→铁捕集还原熔炼→氧化熔炼→酸浸→渣煅烧→湿法提纯→铂钯铑三元合金粉。Pt、Pb、Rh 直收率83%，总收率98%，产品纯度99.9%。旧铂网回收工艺简单，废网经溶解、提纯、还原后再配料拉丝织网，其回收率大于99%。

八、从废催化剂中回收铂、钯

由于钯、铂的二次资源种类繁多、品位悬殊、杂质含量各异，需要根据不同二次资源原料特性制定合理回收工艺。对于氧化铝载钯（铂）废催化剂、汽车废催化剂等废催化剂一般采取两种工艺路线：第一种是：选择性溶解载体→不溶渣→溶解贵金属→分离提纯；第二种是：溶解贵金属→分离提纯。对于钯（铂）炭废催化剂、废电子浆料等废料的工艺路线是：焙烧→焙烧渣→溶解贵金属→分离提纯。对于废钯（铂）电镀液的工艺路线是：置换→置换渣→溶解贵金属→分离提纯。对于含钯（铂）废电子元器件（集成电路板、接点、触点）的工艺路线是：分类拆解→焙烧→焙烧渣→溶解贵金属→分离提纯。

需要指出的是，不论采取何种工艺，都必须要有完善的环保设施。例如，焙烧炉要配备完善的收尘设施，废气、废水经过处理达到标准后排放。

第六篇

节能减排

第一章　铜的节能减排

第一节　节　能

一、2007 年实际能耗（标煤）统计值

2007 年实际能耗（标煤）统计值见表 6-1。

表 6-1　2007 年实际能耗（标煤）统计值

铜原矿开采量/t		铜采矿能耗 /kg·t^{-1}	铜选矿能耗 /kg·t^{-1}	铜冶炼能耗 /kg·t^{-1}
坑　下	45588482	3.09	3.6	485.8
露　天	36589131	0.48		
总采矿量	82177613	(平均)1.93		

注：铜采矿能耗率平均值计算方法：(45588482 × 3.09 + 36589131 × 0.48)/82177613 = 1.9279kg/t。

二、每生产 1t 铜金属所需矿石量

每生产 1t 铜金属所需矿石量见表 6-2。

表 6-2　每生产 1t 铜金属所需矿石量

冶炼总回收率/%	选矿回收率/%	出矿品位/%		每生产 1t 铜金属所需矿石量/t
96.87	87.57	坑　下	0.84	140
		露　天	0.49	241
		平均值	0.68	173

注：原矿品位平均值计算：（45588482 × 0.84% + 36589131 × 0.49%）/ 82177613 = 0.68%；

矿石量计算：矿石量 = 1 ÷ 冶炼总回收率 ÷ 选矿回收率 ÷ 出矿品位。

三、采矿能耗量

采矿能耗（标煤）量见表 6-3。

表 6-3　采矿能耗（标煤）量

项　目	采矿能耗量 = 矿石量 × 铜采矿能耗
坑下/kg	3.09 × 140 = 433
露天/kg	0.48 × 241 = 116
平均值/kg	1.9279 × 172 = 331

四、选矿能耗量

选矿能耗（标煤）量见表 6-4。

表 6-4　选矿能耗（标煤）量

项　目	选矿能耗量 = 矿石量 × 选矿能耗
坑下/kg	3.6 × 140 = 504
露天/kg	3.6 × 241 = 868
平均值/kg	3.6 × 173 = 623

五、铜冶炼综合能耗

铜冶炼综合能耗（标煤）为485.8/kg。

六、再生铜冶炼能耗

再生铜冶炼能耗390/kg。

七、节能量

节能量（标煤）见表6-5。

表6-5　节能量（标煤）

项　目	节能量=采矿能耗+选矿能耗+冶炼综合能耗-再生铜冶炼能耗
坑下/$kg \cdot t^{-1}$	433+504+485.8-390=1033
露天/$kg \cdot t^{-1}$	116+868+485.8-390=1080
平均值/$kg \cdot t^{-1}$	331+619+485.8-390=1051

第二节　减排固体废渣

一、2007年减排固体废渣基本数据

2007年减排固体废渣基本数据见表6-6。

表6-6　2007年减排固体废渣基本数据

掘采比/$t \cdot t^{-1}$	剥采比/$t \cdot t^{-1}$	铜精矿品位/%	冶炼渣率/%
0.3733	2.23	22.55	77

注：1. 实际掘采比212.13米/万吨；

2. 掘进量/掘进米=14185821/805309=17.6t/m；

3. 掘采比折合为3733吨/万吨=0.3733t/t。

二、采矿抛渣量

采矿抛渣量见表6-7。

表6-7　采矿抛渣量

项　目	采矿抛渣量＝矿石量×掘采比
坑下/t	140×0.3733＝52
露天/t	241×2.23＝537
平均值/t	(0.3733×45588482＋2.23×36589131)/82177613×173＝208

三、选矿尾矿量

选矿尾矿量见表6-8。

表6-8　选矿尾矿量

项　目	选矿尾矿量＝矿石量－铜精矿实物量(即1÷冶炼总回收率÷精矿品位)
坑下/t	141－（1÷96.87%÷22.55%）＝136
露天/t	240－（1÷96.87%÷22.55%）＝236
平均值/t	173－（1÷96.87%÷22.55%）＝169

四、冶炼抛渣量

冶炼抛渣量的计算为：

$$1 \div 96.87\% \div 22.55\% \times 77\% = 3.5\text{t}$$

五、减排固体废渣总量

减排固体废渣总量见表6-9。

表 6-9 减排固体废渣总量

项 目	减排固废总量 = 采矿抛渣量 + 选矿尾矿量 + 冶炼抛渣量
坑下/t	52 + 136 + 3. 5 = 192
露天/t	536 + 236 + 3. 5 = 776
平均值/t	208 + 169 + 3. 5 = 380

第三节 节 水

一、2007 年基本数据

2007 年节水的基本数据见表 6-10。

表 6-10 2007 年节水的基本数据

采矿用水量/t · t^{-1}		选矿用水量 /t · t^{-1}	冶炼用水量 /t · t^{-1}	再生铜冶炼用水量/t · t^{-1}
坑 采	0. 5	1. 77	32. 27	
露 采	0. 15			
平 均	0. 34			

二、节水量

节水量见表 6-11。

表 6-11 节水量

项 目	节水量 = 采矿用水量 + 选矿用水量 + 冶炼用水量 − 再生铜冶炼用水量
坑采/t	0. 5 × 140 + 1. 77 × 140 + 32. 37 − 0. 1 = 350
露采/t	0. 15 × 241 + 1. 77 × 241 + 32. 37 − 0. 1 = 495
平均/t	0. 34 × 173 + 1. 77 × 173 + 32. 37 − 0. 1 = 397

第四节 减排二氧化硫

硫利用率95%，铜精矿含硫量30%，每生产1t铜金属需冶炼的铜含量为1.03t的铜精矿（1÷冶炼总回收率96.87%），铜精矿的实物量为4.57t（1.03÷精矿品位22.55%），铜精矿含硫量1.37t，冶炼排硫量1.37×5%=0.0685t，折合SO_2烟气为：0.137t。

第二章 铝的节能减排

第一节 节 能

一、2007年实际能耗统计值

2007年实际能耗（标煤）统计值见表6-12。

表6-12 2007年实际能耗（标煤）统计值

铝土矿采矿能耗/$kg \cdot t^{-1}$	氧化铝能耗/$kg \cdot t^{-1}$	电解铝综合能耗/$kg \cdot t^{-1}$
9.36	868.11	1881.05

二、每生产1t铝金属所需矿石量

每生产1t铝金属所需矿石量见表6-13。

表 6-13 每生产 1t 铝金属所需矿石量

原铝液消耗氧化铝单耗/t·t^{-1}	氧化铝总回收率/%	出矿品位/%	每生产 1t 铝金属所需矿石量/t
1.930	83.84	59.52	3.87

注：矿石量计算公式：矿石量 = 1.930 ÷ 氧化铝总回收率 ÷ 出矿品位。

三、采矿能耗量

采矿能耗（标煤）量见表 6-14。

表 6-14 采矿能耗（标煤）量

每生产 1t 铝金属所需矿石量/t	铝采出矿综合能耗/kg·t^{-1}	采矿能耗量/kg
3.87	9.36	36

四、氧化铝能耗

氧化铝能耗（标煤）见表 6-15。

表 6-15 氧化铝能耗（标煤）

每生产 1t 铝金属所需氧化铝/t	铝选矿综合能耗/kg·t^{-1}	氧化铝能耗量/kg
1.93	868.11	1675

五、电解铝综合能耗

电解铝综合能耗 1881.05kg/t。

六、再生铝冶炼能耗

再生铝冶炼能耗 10kg/t。

七、节能量

节能量见表 6-16。

表 6-16　节能量

节能量(标煤)/kg·t^{-1}	节能量=采矿能耗+氧化铝能耗+电解铝综合能耗−再生铝冶炼能耗
	36+1675+1881−150=3442

第二节　减排固体废渣

一、2007 年基本数据

2007 年减排固体废渣基本数据见表 6-17。

表 6-17　2007 年减排固体废渣基本数据

剥采比/t·t^{-1}	铝土矿品位/%	冶炼渣率/%
4.48	59.52	48

二、采矿抛渣量

采矿抛渣量见表 6-18。

表 6-18 采矿抛渣量

采矿抛渣量/t	采矿抛渣量 = 矿石量 × 剥采比
	3.87 × 4.48 = 17.3

三、选矿尾矿量

选矿尾矿量见表 6-19。

表 6-19 选矿尾矿量

选矿尾矿量/t	选矿尾矿量 = 铝土矿实物量 ×（1 − 铝土矿品位）
	3.87 ×（1 − 59.52%）= 1.57

四、电解铝抛渣量

电解铝抛渣量为：1.930 × 48% = 0.93t

五、减排固体废渣总量

减排固体废渣总量见表 6-20。

表 6-20 减排固体废渣总量

减排固废总量/t	减排固废总量 = 采矿抛渣量 + 选矿尾矿量 + 电解抛渣量
	17.3 + 1.57 + 0.93 = 19.8 ≈ 20

第三节 节 水

一、2007 年基本数据

2007 年节水基本数据见表 6-21。

表 6-21　2007 年节水基本数据

采矿用水量/t	氧化铝新水单耗 /t·t^{-1}	电解铝新水单耗 /t·t^{-1}	再生铝冶炼用水量 /t·t^{-1}
0.2	4.28	5.36	0.1

二、节水量

节水量见表 6-22。

表 6-22　节水量

节水量/t	节水量 = 采矿用水量 + 选矿用水量 + 冶炼用水量 − 再生铜冶炼用水量
	23

第三章　铅的节能减排

第一节　节　　能

一、2007 年实际能耗（标煤）统计值

2007 年实际能耗（标煤）统计值见表 6-23。

表 6-23　2007 年实际能耗（标煤）统计值

铅锌原矿开采量/t		铅锌采矿能耗 /kg·t^{-1}	铅锌选矿能耗 /kg·t^{-1}	铅冶炼能耗 /kg·t^{-1}
坑　下	31427135	4.27	6.94 （其中，铅选矿能耗 2.46，锌选矿能耗 4.48）	551.3
露　天	13553107	2.36		
总采矿量	44980242	（平均）3.69		

注：1. 铅锌采矿能耗率平均值计算方法：（31427135 × 4.27 + 13553107 × 2.36）/44980242 = 3.69kg/t；

2. 铅锌选矿能耗比为：铅原矿品位：锌原矿品位 = 2.94%：5.36% = 1：1.82。

二、每生产 1t 铅金属所需矿石量

每生产 1t 铅金属所需矿石量见表 6-24。

表 6-24 每生产 1t 铅金属所需矿石量

冶炼总回收率/%	选矿回收率/%	出矿品位/%		每生产 1t 铅金属所需矿石量/t
94.33	85.01	坑 下	3.31	37.7
		露 天	1.02	122.3
		平均值	2.62	47.6

注：1. 原矿品位平均值计算：(31427135 × 3.31% + 13553107 × 1.02%)/44980242 = 2.62%；

2. 矿石量计算公式：矿石量 = 1 ÷ 冶炼总回收率 ÷ 选矿回收率 ÷ 原矿品位。

三、采矿能耗（标煤）量

采矿能耗（标煤）量见表 6-25。

表 6-25 采矿能耗（标煤）量

项 目	采矿能耗量 = 矿石量 × 铜采矿能耗率
坑下/kg	4.27 × 37.67 = 160.9
露天/kg	2.36 × 122.26 = 288.5
平均值/kg	3.69 × 47.6 = 175.6

四、选矿能耗（标煤）量

选矿能耗（标煤）量见表6-26。

表6-26　选矿能耗（标煤）量

项　目	选矿能耗量 = 矿石量 × 选矿能耗
坑下/kg	2. 46 × 37. 67 = 92. 7
露天/kg	2. 46 × 122. 26 = 300. 8
平均值/kg	2. 46 × 47. 6 = 117. 1

五、铅冶炼综合能耗

铅冶炼综合能耗为551. 3kg/t。

六、再生铅冶炼能耗

再生铅冶炼能耗为185kg/t。

七、节能量

节能量见表6-27。

表6-27　节能量

项　目	节能量 = 采矿能耗 + 选矿能耗 + 冶炼综合能耗 − 再生铅冶炼能耗
坑下/kg · t^{-1}	160. 9 + 92. 7 + 551. 3 − 185 = 620
露天/kg · t^{-1}	288. 5 + 300. 8 + 551. 3 − 185 = 956
平均值/kg · t^{-1}	175. 6 + 117. 1 + 551. 3 − 185 = 659

第二节 减排固体废渣

一、2007 年基本数据

2007 年减排固体废渣基本数据见表 6-28。

表 6-28 2007 年减排固体废渣基本数据

掘采比/t · t^{-1}	剥采比/t · t^{-1}	铅精矿品位/%	冶炼渣率/%
0. 3291	4. 89	63. 50	36. 5

注：1. 实际掘采比 248. 47 米/万吨；

2. 掘进量/掘进米 = 8797791/664281 = 13. 2t/m；

3. 掘采比折合为 3291 吨/万吨 = 0. 3291t/t。

二、采矿抛渣量

采矿抛渣量见表 6-29。

表 6-29 采矿抛渣量

项 目	采矿抛渣量 = 矿石量 × 掘（剥）采比
坑下/t	37. 7 ×0. 3291 = 12. 4
露天/t	122. 3 ×4. 89 = 597. 9
平均值/t	81（加权平均）

三、选矿尾矿量

选矿尾矿量见表 6-30。

表 6-30　选矿尾矿量

项　目	选矿尾矿量 = 矿石量 − 铅精矿实物量(即 1 ÷ 冶炼总回收率 ÷ 精矿品位)
坑下/t	37. 7 − (1 ÷ 94. 33% ÷ 63. 5%) = 36
露天/t	122. 3 − (1 ÷ 94. 33% ÷ 63. 5%) = 121
平均值/t	47. 6 − (1 ÷ 94. 33% ÷ 63. 5%) = 46

四、冶炼抛渣量

冶炼抛渣量为：1 ÷ 94. 33% ÷ 63. 5% × 36. 5% = 0. 6t。

五、减排固体废渣总量

减排固体废渣总量见表 6-31。

表 6-31　减排固体废渣总量

项　目	减排固废总量 = 采矿抛渣量 + 选矿尾矿量 + 冶炼抛渣量
坑下/t	49
露天/t	719
平均值/t	128

第三节　节　　水

一、2007 年基本数据

2007 年节水基本数据见表 6-32。

表 6-32 2007 年节水基本数据

采矿用水量/t · t^{-1}		选矿用水量/t · t^{-1}	冶炼用水量/t · t^{-1}	再生铜冶炼用水量/t · t^{-1}
坑 采	0.5	4.36	9.18	
露 采	0.15			
平 均	0.39			

二、节水量

节水量见表 6-33。

表 6-33 节水量

项 目	节水量 = 采矿用水量 + 选矿用水量 + 冶炼用水量 - 再生铜冶炼用水量
坑采/t	192
露采/t	560
平均/t	235

第四节 减排二氧化硫

硫利用率 95%，铅精矿含硫量 18%，每生产 1t 铅金属需冶炼的铅含量为 1.06t 的铅精矿的实物量为 1.67t(1.06 ÷ 精矿品位 63.5%)，铅精矿含硫量 0.3t，冶炼排硫量 0.3 × 5% =0.015t，折合 SO_2 烟气为：0.03t。

再生有色金属相比原生有色金属的节能减排指标见表 6-34。

表6-34 再生有色金属相比原生有色金属的节能减排指标

金属	能耗							水耗			固废排放	SO_2排放
	采矿综合能耗（标煤）/kg·t^{-1}	选矿综合能耗（标煤）/kg·t^{-1}	冶炼综合能耗（标煤）/kg·t^{-1}	生产1t原生金属能耗（标煤）/kg·t^{-1}	再生1t金属能耗（标煤）/kg·t^{-1}	再生金属节能量（标煤）/kg·t^{-1}	再生占原生能耗率/%	原生金属总水耗/m^3·t^{-1}	再生金属水耗/m^3·t^{-1}	再生金属节水量/m^3·t^{-1}	减少固体废物排放/t	SO_2减排量/t
铜	334	623	485.8	1444	390	1054	27	396.5	2	395	380	0.137
铝	36	1675	1881	3593	150	3443	4	14.4	0.5	14	20	
铅	175.6	117.1	551.3	844	185	659	22	235.5	0.5	235	128	0.03

注：本表数据是根据中国有色金属工业协会《2007年有色金属工业统计资料汇编》中的基础数据进行测算，再生金属基本数据是由中国有色金属工业协会再生金属分会提供。

第七篇

进出口贸易

第一章　金属废料实物量进口

中国是有色金属消费大国，常用有色金属的需求量巨大，国内产量还不能完全满足消费，还需进口大量有色金属，其中不仅有高纯金属也包括金属废料。

根据环保部门规定，进口废铜分为六类废料和七类废料两种：

（1）第六类废料——属于自动进口许可的废料，主要包括高品位的1号光亮线、2号铜等，可以被直接加工，无需进行冶炼工序再精炼。

（2）第七类废料——属于限制进口许可的废料，要进口此类废料需要获得相关批文，主要包括品位较低的废电机、废变压器等，必须经过拆解和分拣等再度加工才能被使用。

铜废料主要分国产和进口两大类，其中进口废杂铜约占总量的60%～70%。进口的废杂铜主要包括废汽车水箱铜带、废变压器、电机、旧电线、电缆、含铜的机器零部件以及旧的铜质屋顶、管道等，铜含量在25%左右，从美国的进口量最多，其次是日本、欧盟和俄罗斯。国内的废杂铜主要是报废的铜废件、生产铜合金或机械加工过程中的废料、铜渣、铜灰、废旧电线电缆、电镀合金废料等。据中国海关统计，2001年中国进口废杂铜用汇量12.4亿美元，占整个铜产品进口用量的22%，超过铜精矿，成为世界上最大的废杂铜进口国。

中国的再生金属资源分类和标准化工作还不完善，给资源的收集（收购）、分类和加工带来很大困难，同样对金属的回收利用率、加工能耗和环境保护带来很大负面影响。按加工性质，能直接加工成原级产品的废料称为新废料；只能加工成次级（其他）产品的废料称为旧废料。除废纯铜外，回收的再生铜资源大都为多金属成分，对其处理应综合回收其中的全部有价成分。目前，含铜废料中约40%是用于生产铸造合金、20%生产变形合金、3%制取化合物、34%加工成粗铜，质量太差不能利用的小于3%。

第一节 2010年中国废金属进口国别情况

2010年向中国出口含铜废料最多的国家依次是美国、西班牙、澳大利亚、德国和马来西亚，如图7-1所示。2010年，中国从美国进口含铜废料约78.92万吨，居首位，占全国进口含铜废料总量的18%，与2009年相比增长了51.07%。2010年，中国从德国进口含铜废料约47.37万吨，占全国进口含铜废料总量的11%，与2009年相比下降约13.65%。2010年，中国从日本进口含铜废料约25.55万吨，占全国进口含铜废料总量的6%，与2009年相比下降约69.35%。

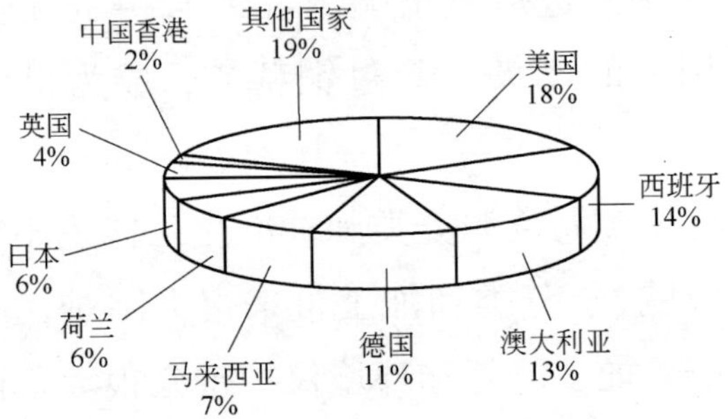

图7-1 2010年进口含铜废料国别（地区）情况

2010年向中国出口含铝废料最多的国家依次是美国、马来西亚、西班牙、澳大利亚和德国，如图7-2所示。2010年中国从美国进口含铝废料约58.02万吨，占到全国含铝废

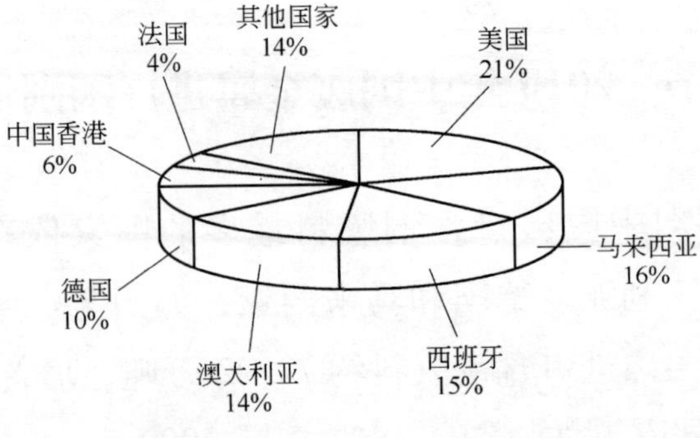

图7-2 2010年进口含铝废料国别（地区）情况

料总量的21%；从马来西亚进口含铝废料约45.90万吨，占到全国含铝废料总量的16%；从西班牙进口含铝废料约43.26万吨，占到全国含铝废料总量的15%；从德国进口的含铝废料约28.3万吨，占到全国含铝废料的10%。

第二节　2010年中国废金属进口关区情况

2010年，广东地区包括广州海关、黄埔海关、深圳海关、拱北海关、汕头海关、湛江海关在内的6个海关废金属的进口总量达到360.06万吨。其中，含铜废料190.56万吨、含铝废料171.46万吨、含锌废料0.04万吨，见图7-3。

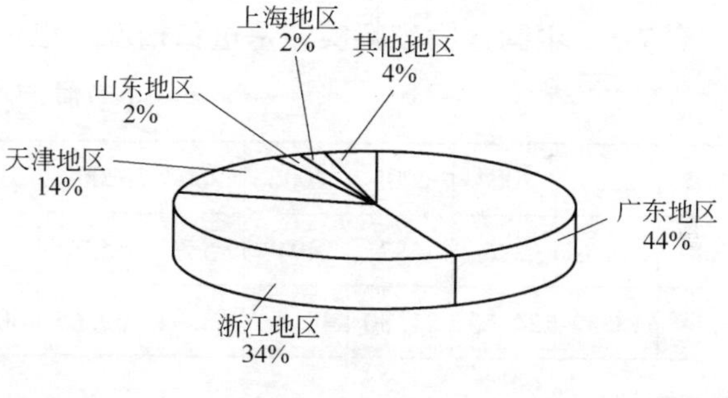

图7-3　2010年中国各地区海关含铜废料进口实物数量

广东地区（包括广州海关、黄埔海关、深圳海关、拱北海关、汕头海关、湛江海关）、浙江地区（包括宁波关区、杭州海关）的进口含铜废料数量较大，占到全国进口含铜废料总量的78%以上。广东地区、浙江地区的进口含铝废料数量较大，占全国进口含铝废料总量的80%，特别是广东地区进口含铝废料量占到了全国整个进口含铝废料总量的60%，见图7-4。

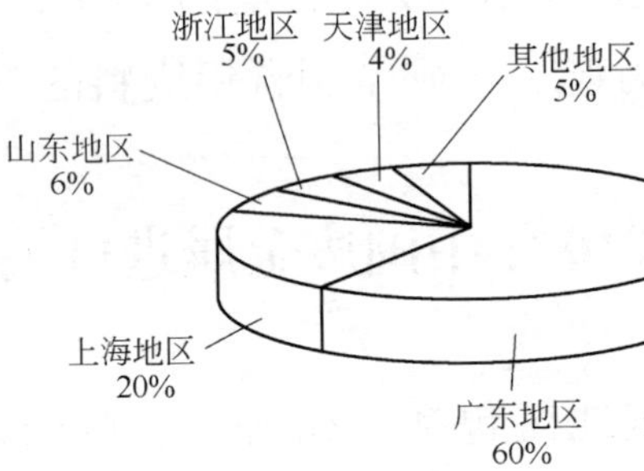

图7-4 2010年中国各地区海关含铝废料进口情况

中国金属废料实物量进口情况见表7-1、表7-2。

表7-1 中国含铜废料实物量进口情况一览

（万吨/亿美元）

年度	2002	2003	2004	2005	2006	2007	2008	2009	2010
数量	308	316	396	482	494	558	558	400	436
金额	10.69	13.32	24.55	21.80	40.46	63.91	59.65	60.87	122.36

数据来源：海关总署。

表7-2 中国含铝废料实物量进口情况一览

（万吨/亿美元）

年度	2002	2003	2004	2005	2006	2007	2008	2009	2010
数量	45	65	120	169	177	209	215	263	285
金额					19.11	24.46	25.39	27.52	42.94

数据来源：海关总署。

海关总署发布2010年第16号公告，公告称自2010年4月1日起，对部分进口废金属分类目录和报关方法进行调整。中国铜废碎料进口分类目录见表7-3。

表7-3　中国铜废碎料进口分类目录

商品编码	商品名称	商品描述	申报要素	报关单填报示例
7404000090	光亮铜	铜含量在99%以上的废紫铜	1. 品名； 2. 材质； 3. 成分含量（所含金属总含量和各种金属的名称及含量）	商品名称：光亮铜线 规格型号：废紫铜裸线；总99.9%，铜99.9%
	1号废紫铜	铜含量在96%以上的紫铜线和紫铜板、管。无镶嵌、焊接或者包覆痕迹，且无其他杂质		商品名称：1号废紫铜 规格型号：废铜管；总98%，铜98%
	2号废紫铜	铜含量在94%～96%的紫铜线和紫铜板、管。有镶嵌、焊接或包覆痕迹，可能含有少量杂质		商品名称：2号废紫铜 规格型号：废铜管；总96%，铜96%
	黄杂铜	材质为铜锌合金的黄铜板、管、线、棒、片等，包括废水龙头、废阀门、废铜屑、黄铜管、黄铜边角料等		商品名称：黄杂铜 规格型号：废黄铜管；总96%，黄铜96%

续表 7-3

商品编码	商品名称	商品描述	申报要素	报关单填报示例
7404000090	废黄铜水箱	由黄铜散热器组成	1. 品名； 2. 材质； 3. 成分含量(所含金属总含量和各种金属的名称及含量)	商品名称：废黄铜水箱 规格型号：废发动机水箱；总96%，黄铜96%
7404000010	1号废铜线缆	包括未经拆解的带皮废铜电缆线，主要来源于灯线、空调电线等，铜含量70%及以上	1. 品名； 2. 材质； 3. 成分含量（所含金属总含量和各种金属的名称及含量）	商品名称：1号废铜线缆 规格型号：带橡胶皮废铜电缆；总70%，铜70%
	2号废铜线缆	包括未经拆解的带皮废铜电缆线，铜含量50%及以上		商品名称：2号废铜线缆 规格型号：带橡胶皮废铜电缆；总50%，铜50%
	其他废铜线缆	包括未经拆解的带皮和不带皮的废铜电缆线，铜含量25%及以上，包括含有钢丝的废钢绞线		商品名称：其他废铜线缆 规格型号：废钢绞线，总65%，其中铜25%，钢40%
	铜铝水箱	含有黄铜管、铝管、铁和其他杂质，由干净铝和铜水箱组成		商品名称：铜铝水箱 规格型号：总100%，其中铜45%，铝55%

续表 7-3

商品编码	商品名称	商品描述	申报要素	报关单填报示例
7404000010	废变压器	包括带壳的废变压器或变压器芯	1. 品名； 2. 材质； 3. 成分含量（所含金属总含量和各种金属的名称及含量）	商品名称：带壳废变压器 规格型号：箱式废变压器；总95%，其中铜30%，铁 10%，钢55%
	废电机	包括废的带壳和无壳电机		商品名称：带壳废电机 规格型号：总95%，其中铁 82%，铜12%，铝1%
	以回收铜为主的废五金	以回收废铜为主需拆解、分选的各种铜废料，废铜铝水箱，废带铁的黄铜水箱，含有铜，铝，锌，铁，不锈钢，铅及电线头等各种混合金属，为废铜、废铝，废不锈钢，废锌碎料。报关时应注明主要金属含量		商品名称：以回收铜为主的废五金 规格型号：总70%，其中铜20%，铝15%，铁35%

海关总署发布2010年第16号公告，公告称自2010年4月1日起，对部分进口废金属分类目录和报关方法进行调整。中国铝废碎料进口分类目录见表7-4。

表 7-4 中国铝废碎料进口分类目录

商品编码	商品名称	商品描述	申报要素	报关单填报示例
7602000090	纯铝废料	废铝材质为纯铝，包括废纯铝裸线、铝板、铝印刷板等	1. 品名； 2. 材质； 3. 成分含量（所含金属总含量和各种金属的名称及含量）	商品名称：纯铝废料 规格型号：废铝裸线，总 99%，铝 99%
	废合金铝片	铝废料内的铝材质为挤、压、研成型之合金铝材，如铝门窗料、铝管等		商品名称：废合金铝片 规格型号：废铝门窗料；总 96%，铝合金 96%
	废铝箔	由废铝箔组成，允许带有少量的纸或塑料		商品名称：废铝箔 规格型号：生产过程产生的边角料；总 99%，铝 99%
	铝水箱	由废汽车散热器组成		商品名称：废铝水箱 规格型号：废汽车散热器；总 96%，铝 96%
	铝罐废料	包括所有铝材质的饮料罐、盖和化妆品罐，包装方式为散装或压包		商品名称：废易拉罐 规格型号：已清洗干净；总 97%，铝 97%
	铝废铸件	通常为铝硅合金材质，其形状为压铸或铸造成型之合金铝铸件等		商品名称：铝废铸件 规格型号：废汽车拨箱壳；总 98%，铝 98%

续表 7-4

商品编码	商品名称	商品描述	申报要素	报关单填报示例
7602000090	铝废轮毂	通常为铝硅合金材质，其形状为压铸或铸造成型之合金铝轮圈等	1. 品名； 2. 材质； 3. 成分含量（所含金属总含量和各种金属的名称及含量）	商品名称：铝废轮毂 规格型号：废小汽车轮毂；总98%，铝98%
	废铝切片	包括所有经机器破碎过的各种废铝细碎料，还含有其他的金属废碎料		商品名称：废铝切片 规格型号：汽车切片；总93%，其中铝91%，锌2%
	铝屑废料	加工铝制品过程中经车床车削所产生出的铝屑，包装方式为散装或压包		商品名称：铝屑废料 规格型号：总97%，铝97%
7602000010	带皮废铝线	包括所有未经拆解的带皮废铝电缆线，不同来源铝含量存在很大差异，企业应当申报带皮废铝线中的铝含量	1. 品名； 2. 材质； 3. 成分含量（所含金属总含量和各种金属的名称及含量）	商品名称：带皮废铝线 规格型号：总65%，铝65%
	废铝线	包括所有不带胶皮的室外裸电力线，为铝线和钢丝混合搅在一起的电线		商品名称：废铝线 规格型号：总95%，其中铝30%，钢65%

续表 7-4

商品编码	商品名称	商品描述	申报要素	报关单填报示例
7602000010	以回收铝为主的废五金	以回收铝为主需拆解的废料，如汽车带铁铝水箱、废变速箱、煤气表、铝壳马达等。含有铝，铜，锌，铁，不锈钢，铅及电线头等各种混合金属。为废铜，废铝，废不锈钢，废锌碎料，企业应当申报其中废铝的含量	1. 品名； 2. 材质； 3. 成分含量（所含金属总含量和各种金属的名称及含量）	商品名称：以回收铝为主的废五金 规格型号：总96%，其中铝45%，铜 10%，铁41%

第二章 出口情况

中国常用有色金属消费量巨大，因而出口量相对较少。2010 年，中国出口有色金属情况为：出口铜废碎料 2242t，占进口量的 0.05%；出口铝废碎料 1096t，占进口量的近 0.04%。由于铅废碎料属于危险废弃物，中国没有进出口铅废碎料，一般就近运输到再生铅厂回收利用。

第八篇

再生有色金属 “十二五” 发展前景

第一章　产业发展现状及面临的形势

2011年1月24日，为规范、引导再生有色金属产业发展，结合贯彻落实《有色金属产业调整和振兴规划》，工业和信息化部、科学技术部、财政部联合组织编制并印发了《再生有色金属产业发展推进计划》(工信部联节〔2011〕51号)。

有色金属是国民经济的重要基础原材料产业，在经济建设、国防建设和社会发展中发挥着重要作用。有色金属具有良好的循环再生利用性能，有色金属再生利用节能减排效果显著，是有色金属工业发展的重要趋势。发展再生有色金属产业，多次循环利用有色金属，既保护原生矿产资源，又节约能源、减少污染。据测算，与原生金属生产相比，每吨再生铜、再生铝、再生铅分别相当于节约标煤1054kg、3443kg、659kg；分别节水395m^3、22m^3、235m^3；分别减少固体废物排放380t、20t、128t，每吨再生铜、再生铅分别相当于少排放二氧化硫0.137t、0.03t。

第一节 产业发展现状

近年来，有色金属再生利用得到快速发展，生产和消费规模不断扩大，产业比重逐步提高，技术装备水平不断提升，再生有色金属产业已成为有色金属工业的重要组成部分。

一、产业规模快速扩大

21世纪以来，再生有色金属产量连续10年保持快速增长，再生铜、再生铝、再生铅等主要再生有色金属产量年均增长27%，从2000年的72万吨，增加到2010年的775万吨。2010年，主要再生有色金属产量占当年十种有色金属产量的24.7%，相当于10年前全国十种有色金属总产量，再生有色金属产业已形成一定规模。

二、产业集中度逐步提高

已建成一批年产5万吨以上再生有色金属企业，其中最大的再生铝企业产能达65万吨，再生铜企业产能超过40万吨，再生铅企业产能超过20万吨。珠江三角洲、长江三角洲、环渤海经济圈和成渝经济区等逐步形成再生有色金属产业集群，一批进口再生资源加工园区和国内回收交易市场，以及规模化再生有色金属利用工程正在建设。

三、技术水平不断提升

再生有色金属技术装备和清洁生产水平持续进步，金属熔炼回收率不断提高，产品结构不断优化。一批原生矿产冶炼龙头企业加快进入再生有色金属领域，快速拉升产业整体发展水平。

四、社会效益日益显现

再生有色金属产业是典型的劳动密集型产业，其回收、分类、拆解、冶炼各环节需要大量劳动力资源。目前，行业从业人员已达到150万人以上，为缓解就业压力、促进社会稳定发挥了重要作用。

第二节　当前中国再生有色金属产业发展面临的突出矛盾和问题

一、产业集中度低，亟待建立行业准入制度

目前，多数再生企业生产规模小，全行业产业集中度普遍较低。据不完全统计，全国有300多家再生铅企业，2009年平均产能仅为4100t；全国年产量超过10万吨的再生铜企业只有2家，多数企业年产量低于3万吨；大型再生铝企业年产量达到30万吨以上，小企业年产量仅有几百吨。目前，行业缺乏准入管理，发展水平参差不齐，市场竞争无序，亟

待加以规范。

二、技术装备水平落后，环保形势严峻

综合能耗、污染物排放、资源回收利用率等关键指标与发达国家差距明显。再生铜行业，大部分中小企业仍采用落后的传统固定式阳极炉；再生铅行业，小企业产能占50%，大多采用人工拆解废铅酸蓄电池，废铅酸液随意倾倒，冶炼工艺及设备落后，铅膏、铅栅未实现分类熔炼，带来极大环境污染隐患。

三、标准政策体系有待完善，先进产能竞争力弱

中国废旧有色金属回收、拆解及利用环节标准规范较为薄弱，政策法规体系不完善，不利于形成公平的行业竞争环境。规模化、规范化企业节能环保投入大，生产成本相对较高，在废旧有色金属原料采购竞争中处于劣势地位，生产经营困难，产能开工不足，呈现出“规模经济不出效益”、“环保科技不出效益”、“先进产能吃不饱”等不正常状态。

四、加工园区和交易市场有待进一步规范

许多地方未充分结合资源条件、环境形势和供需市场，纷纷投资建设进口再生资源加工园区、交易市场或产业集群（以下简称“加工园区”）。加工园区建设缺乏科学规划，造成无序竞争和资源浪费，不利于产业健康发展。加工园区内部尚未形成覆盖回收、拆解和深加工的产业链。

五、废旧金属原料供应紧张

中国有色金属消费量居全球领先地位，但由于工业化、城镇化进程较为短暂，废旧有色金属资源蓄积量相对不足，废旧有色金属原料主要依靠国外进口。废旧有色金属原料日益紧缺成为制约中国再生有色金属产业快速发展的重要因素。

第三节　面临的形势

有色金属需求持续增长。中国是近年来全球有色金属需求增长最快的国家，但人均消费量与发达国家相比还有很大增长空间，经济发展对有色金属的需求仍将处于增长阶段。不断增加的社会蓄积量为有色金属循环利用奠定了良好基础。有色金属原生矿产资源约束不断加剧。中国有色金属矿产资源相对短缺，资源消耗量持续增加，重要资源对外依存度逐年攀升。目前，铜原料约65%、铝原料约55%、铅锌原料约30%以上依靠进口，并且还有进一步扩大的趋势。大力发展再生有色金属产业是缓解资源约束的有效途径，有利于解决国内自然矿产资源不足与有色金属需求增长之间的突出矛盾。有色金属产业面临的节能环保压力日益加大。有色金属作为传统高耗能行业，节能减排任务艰巨。充分利用废旧有色金属是有色金属工业实现节能减排目标的有效手段。

目前，中国仍处于工业化、城镇化加速发展阶段，随着经济社会快速发展，已逐步进入资源循环大周期，大量汽车、家电等机电产品面临淘汰或报废，为加快发展再生有色金属产业提供了基础条件。目前，发达国家再生有色金属产量占有色金属总产量平均超过50%，与之相比，中国差距明显，再生有色金属利用前景广阔，潜力巨大。面对中国不断加剧的资源环境双重约束，不管是从节能减排还是从有色金属产业自身发展需要出发，都要求提升再生有色金属利用的战略地位，大力推进再生有色金属产业加快发展。

第二章　指导思想、基本原则和目标

第一节　指导思想

发展再生有色金属工业的指导思想是：落实节约资源和保护环境基本国策，认真实施《有色金属产业调整和振兴规划》，加快推进节能减排，切实加强行业准入，加快淘汰落后产能，强化技术改造，优化产业布局，提高产业集中度，促进结构调整和产业升级，推动再生有色金属产业规范、健康和可持续发展。

第二节　基本原则

一、强化行业准入，优化产业布局

按照国家产业政策要求，建立健全再生有色金属行业准入条件，遏制再生有色金属低水平产能扩张，加快淘汰不符合产业政策的落后生产能力，优化产业布局，提高行业集中度。

二、加快科技创新，推进产业升级

提高企业自主创新能力，鼓励产学研结合，着力突破制约产业转型升级的关键共性技术，加大技术改造力度，提高工艺装备水平，提升产品档次和质量，实现产业调整升级。

三、实施示范工程，发挥引导作用

加快行业示范工程和产业集群建设，支持重点再生有色金属企业建设试点示范项目，充分发挥典型示范引领行业发展的作用，逐步提高行业综合竞争力。

四、鼓励兼并重组，培育优势企业

推动企业兼并重组，优化资源配置，促进产业集中布局、集约发展。支持产品质量好、市场竞争力强的骨干企业发展壮大。增强具有良好业绩和发展潜质的中小企业抵御风险的能力。

第三节 主要目标

到 2015 年，再生有色金属产业规模和产量比重将明显提高，预处理拆解、熔炼、节能环保技术装备水平大幅提升，产业布局和产品结构进一步优化，节能减排和综合利用水平显著提高。

一、产业规模和产量

到2015年，主要再生有色金属产量达到1200万吨，其中再生铜、再生铝、再生铅占当年全国铜、铝、铅产量的比例分别达到40%、30%和40%左右。

二、　产业集中度和布局

到2015年，再生铜、再生铝行业形成一批年产10万吨以上规模化企业，再生铅行业形成一批年产5万吨以上规模化企业。前10位企业产业集中度达到50%以上；培育形成若干产业集聚发展的重点地区，其产能比重超过80%。

三、技术装备水平

到2015年，产业整体技术装备水平明显提高。废旧有色金属机械化拆解预处理技术普遍应用，分级利用水平进一步提升。再生铜新型强化熔炼炉向设施完整化和配套化方向发展。再生铝双室反射炉、铝液搅拌技术、铝液直供、蓄热式燃烧等技术装备广泛应用。再生铅企业采用预处理破碎分选、铅膏铅栅分类熔炼、低温连续熔炼、回转短窑熔炼等先进技术的产能达到80%以上。

四、节能减排及资源综合利用

到2015年，再生铜熔炼（杂铜-阴极铜）能耗（标煤）

低于290kg/t，再生铜熔炼金属回收率达到96%以上；再生铝熔炼能耗（标煤）低于140kg/t，再生铝熔炼金属回收率达到95%以上；再生铅熔炼能耗（标煤）低于130kg/t，废铅渣100%无害化处置，再生铅熔炼金属回收率达到95%以上。

第三章　主要任务

主要任务有：

（1）优化产业布局，提高产业集中度。根据中国废旧有色金属资源及加工园区分布情况，以现有骨干企业为基础，统筹规划，进一步优化再生有色金属产业布局。重点支持浙江、广东、山东、天津、江西等地区发展再生铜；支持广东、浙江、重庆、上海、河南等地区发展再生铝；支持安徽、河南、山东、江苏、湖北等地区发展再生铅。

在具有产业基础以及资源优势的地区，培育形成若干年利用废旧有色金属5万吨以上生产企业，促进规模化和集约化发展。鼓励东部沿海地区充分利用技术、资金、品牌和营销渠道等优势，重点发展技术含量和附加值高的再生有色金属产品；支持中西部地区发挥区位优势，积极承接产业转移。鼓励和支持大型龙头企业建立长期稳定的原料来源渠道，逐步构建上下游紧密联系、跨区域协同发展的产业链。

（2）促进技术进步，实现产业转型升级。加快关键共性技术及新兴先进技术的研发、推广和产业化步伐，重点突破废旧有色金属预处理、熔炼、节能环保领域技术和装备，加强有毒有害物质生成机理、快速检测和治理技术研究。鼓励企业采用先进检测技术和设备，强化再生有色金属产品质量过程控制。鼓励研发推广在原生金属生产工艺过程中合理利用废旧有色金属的技术装备。积极研究新型电子设备及电子消费品中有色金属、稀贵金属回收利用技术。

（3）支持重点项目，提升整体发展水平。支持再生有色金属优势项目，发挥典型示范作用，引导行业规范发展，逐步提升发展质量水平。在珠江三角洲、长江三角洲、环渤海和成渝经济区等具备一定产业基础的区域支持改扩建 20 万吨再生铜项目 6～8 个，20 万吨再生铝项目 8～10 个。在华北、华中、东北、黄河三角洲等地区支持改扩建 5 万～10 万吨再生铜项目 10 个，5 万～10 万吨再生铝项目 15 个，5 万吨以上再生铅项目 10 个。在西北地区支持改扩建 5 万吨再生铜项目 2 个，5 万吨再生铝项目 3 个。支持在具备产业基础的地区培育形成一批锌、钴、镍、锗、铟、贵金属等其他废旧有色金属回收利用项目。

（4）加强统筹规划，完善回收利用体系。以国内再生资源回收体系试点建设为基础，结合中国废旧有色金属资源回收特点，充分利用、规范和整合现有废旧有色金属回收渠道。统一规划、合理布局，选择具有一定规模和实力的企业建设再生有色金属回收示范工程。加快废旧有色金属规范化交易和集中处理，逐步在全国形成覆盖全社会的再生有色金属回收利用体系。支持利用境外可用做原料的废旧有色金属资源，提高中国采购国外高品质资源的市场竞争力。

进一步规范有色金属拆解加工和交易市场建设，合理布局加工园区和交易市场，除适当调整沿海地域分布外，原则上不再新建加工园区。在现有加工园区和交易市场基础上，支持形成5个技术先进、管理规范、年拆解能力达到100万吨的加工园区，10个年拆解能力达50万吨的加工园区，5个年交易量达到60万吨的回收交易市场，10个年交易量达40万吨的回收交易市场。

第四章　保障措施

保障措施有：

（1）加快建立行业准入制度。研究制定再生铜、再生铝和再生铅等行业准入条件，明确再生有色金属行业企业规模、技术装备、综合能耗、节能环保等准入指标，提高产业准入门槛，促进产业结构优化，规范行业秩序，提升资源综合利用率和节能环保水平，引导生产要素向优势企业集中。严格执行国家产业政策和项目审核管理规定，强化节能评估审查、环境影响评价和用地审查，重点推进现有企业技术改造和产业调整升级，从严控制总量，防止低水平重复建设和盲目扩张。

（2）加大技术研发推广力度。编制再生有色金属技术装备指导目录，支持研发新型再生有色金属预处理、熔炼、节能环保技术装备。鼓励引进和消化吸收国外先进技术，形成具有中国特色的再生有色金属技术体系。加强企业技术研发中心建设，鼓励构建以企业为主体、以市场为导向、产学研相结合的技术创新体系，全面提升企业自主创新能力。支持通过产业技术创新战略联盟等平台，联合攻关制约行业发展的关键共性技术，加快科研成果产业化。

（3）实施试点示范工程建设。依托基础条件好、技术装备先进的重点项目、企业，开展试点示范工程建设，支持建设产业化试点示范基地和产业集群。大力推广示范工程成果及经验，带动产业整体水平提升。充分利用现有资金渠道及政策措施，加大对再生有色金属产业的支持力度。支持产业相对薄弱的西北和东北地区高起点、高标准发展再生有色金属产业。

（4）加快淘汰落后生产能力。严格行业准入条件，对落后产能实行限期治理和整改，仍不达标的应予关停。对未完成淘汰落后产能任务的地区，暂停投资项目核准和审批。加大对限期淘汰装备的监管力度，防止擅自扩容改造和异地转移。

再生铜行业，淘汰无烟气治理设施的焚烧工艺和装备，以及鼓风炉、冲天炉、50t 以下的传统固定式反射炉。

再生铝行业，淘汰直接燃煤的反射炉和 4t 以下的其他反射炉，禁止采用坩埚炉熔炼再生铝合金。

再生铅行业，淘汰土烧结盘、简易高炉、烧结锅、烧结盘以及直燃煤式反射炉、冲天炉、坩埚炉熔炼等落后炼铅工艺和设备。

(5) 完善政策法规标准体系。充分发挥金融、财政、税收、环保、土地等政策手段作用，落实和完善促进再生有色金属产业发展的财税支持政策。制定鼓励实施并购重组的政策措施，鼓励对符合条件的骨干企业兼并重组给予融资支持，优先支持实施兼并重组企业符合条件的技术改造项目。根据产业发展变化，适时调整和制定促进产业可持续发展的政策措施。制定《再生有色金属回收利用管理办法》，鼓励各地结合实际出台促进再生有色金属回收利用体系建设的规章制度。推行再生有色金属复杂物料预处理拆解、熔炼、加工等关键岗位持证上岗制度。建立健全再生有色金属标准体系，加快制定、修订、宣传贯彻相关技术和产品标准。研究建立再生有色金属回收利用评价指标和监测体系。

(6) 加大行业监管指导力度。各级工业和信息化、科技、财政主管部门要加强配合，协调国土、环保、商务、工商、税务、金融等部门共同落实地方支持再生有色金属利用产业发展的具体政策措施，推进节能减排和技术进步，确保环境安全，维护市场竞争秩序，引导和推进再生有色金属产业可持续发展。要结合本地区实际，合理规划布局，严格准入条件，促进产业规范有序发展。

要进一步强化环保监管和治理。禁止采用露天焚烧方法去除废铜、铝芯电线电缆塑料、橡胶皮以及其他杂质。加工园区应建立“三废”实时监测系统，加强安全、劳动保护和环保设施建设，实现污染物集中处理。严格执行国务院《危险废物经营许可证管理办法》、《重金属污染综合防治规划》等政策规定。从事废铅酸蓄电池收集和处置单位，必须依法取得危险废物收集和处置经营许可资质。加强废铅酸蓄电池回收利用各阶段环境监管，严禁人工拆解预处理，回收、储运、拆解、熔炼加工企业“三废”必须达标排放。

（7）充分发挥行业协会作用。要充分发挥行业协会等社会中介组织的桥梁和纽带作用，及时反映行业情况和企业诉求，积极为企业提供信息咨询、培训等服务，引导企业落实国家产业政策。充分发挥行业协会在统计分析、技术装备推广、行业自律及维护市场秩序等方面的作用。鼓励行业协会积极参与有关政策法规、行业标准、发展规划、准入条件等制定工作，共同推动再生有色金属利用行业规范、健康发展。见表8-1。

表8-1 再生有色金属产业重点研发及推广的技术装备

领 域	研发及推广主要技术、装备
预处理领域	废旧有色金属机械化拆解预处理技术；废铅酸蓄电池无污染破碎分选机械化国产技术；废铝预处理技术；废旧有色金属与其他杂质高效分离预处理技术
熔炼领域	再生铜倾动式阳极炉；竖炉及其他新型强化熔炼炉；废杂铜分级直接利用技术；先进铝熔炼技术装备；蓄热式燃烧技术；废铝罐低烧损还原技术；废铅蓄电池铅膏、铅栅分类熔炼技术；废铅酸蓄电池湿法冶金清洁生产技术；鼓励开发在原生有色金属生产工艺过程中利用废旧有色金属的技术装备

续表 8-1

领　域	研发及推广主要技术、装备
节能环保领域	铝灰渣、铅渣高效无污染处理技术；节能型熔炼炉；节能环保型固废焚烧炉；余热回收利用技术设备；再生有色金属生产污染物治理技术和设备；加强对有毒有害物质生成机理、治理技术和快速监测技术的研究
其他技术	再生有色金属熔炼工艺智能化控制技术；再生有色金属物料自动配比设备；废旧有色金属成分快速检测设备；锌、镍、钴、锗、铟、贵金属等其他废旧有色金属循环利用技术、设备

第九篇

相关政策法规

随着国家对循环经济理念的不断深入、对资源综合利用和节能减排工作的不断加强，从中央到地方、从政府到社会对再生金属产业越来越重视，国家相继出台各项支持再生金属产业发展的政策措施。

第一章　再生有色金属产业规划

2004 年，国家发展和改革委员会首次将废金属再生与利用作为国民经济发展中的一个产业对待，并制定了《中国再生金属产业“十一五”及中长期发展规划》，对再生金属产业的发展加以引导和扶持。该规划对再生金属行业的健康发展起到了重要的指导作用。

2011 年 1 月 24 日，为规范、引导再生有色金属产业发展，结合贯彻落实《有色金属产业调整和振兴规划》，工业和信息化部、科学技术部、财政部联合组织编制并印发了《再生有色金属产业发展推进计划》（工信部联节〔2011〕51 号），对再生有色金属今后的发展起到巨大的推动作用。

第二章 循环经济发展纲领性文件

2005年7月2日，国务院以国发〔2005〕22号文件发出了《关于加快发展循环经济建设的若干意见》，明确提出了发展循环经济的指导思想、基本原则和主要目标，对重点工作和重点环节做出了战略性部署；国家发展和改革委员会也以发改办环资〔2005〕1225号文件下发了《建设节约型社会近期重点工作分工》的通知，对各个部门和行业协会再循环经济建设的具体工作进行了统一的部署和分工，一批在循环经济建设产生的有影响的示范项目、示范工程、试点企业和试点城市已经确立。中国的经济社会环境，为再生金属产业的发展带来了空前的机遇。与此同时，中国政府对循环经济建设重要领域的再生金属产业的发展十分重视。

2008年8月29日，《中华人民共和国循环经济促进法》由第十一届全国人民代表大会常务委员会第四次会议通过，自2009年1月1日起施行。该法对促进循环经济发展的企业规定了多项扶持措施，将循环经济重大科技攻关项目的自主创新研究、应用示范和产业化列入国家或者省级科技发展规划和高技术产业发展规划，并安排财政性资金予以支持。该法围绕生产、流通和消费等过程中减少资源消耗废物产生、废物再利用等环节促进资源的有效利用等方面做出了具体规定。

第三章 行业准入政策

2007年11月13日，国家发改委正式发布了《铝行业准入条件》，其中从企业布局及规模和外部条件要求、工艺和装备、能源消耗、资源消耗及综合利用、环境保护和土地复垦、安全生产与职业危害、监督管理等方面对铝行业的准入进行了规定。文件要求新建再生铝项目，规模必须在5万吨/年以上；现有再生铝企业的生产准入规模为大于2万吨/年；改造、扩建再生铝项目，规模必须在3万吨/年以上。同时，提出禁止采用坩埚炉熔炼再生铝合金。禁止采用露天焚烧的方法去除废铝芯电线电缆的塑料、橡胶皮以及废碎料中的杂质。

2007年3月10日，由国家发展和改革委员会发布的《铅锌行业准入条件》，分别从生产规模、工艺装备、能源消耗、资源综合利用、环境保护、安全保护等方面对再生铅，再生锌企业进行了明确规定，有利于提高产业层次和产业集中度。

2011年8月17日，为推进再生铅行业规范、健康发展，进一步提高准入门槛，规范行业秩序，促进优化升级，提升资源综合利用率和节能环保水平，工业和信息化部发布了《再生铅行业准入条件（征求意见稿）》，公开征求意见。这将有利于进一步促进再生铅产业的发展。

第四章　进出口政策

2005 年，国家为了鼓励废金属进口，取消了废杂金属的进口关税。2005 年初，国家将电解铝列入“两高一资”产业，并实行宏观调控，取消了铝合金 8% 的出口退税。同时，增加 5% 的出口关税，后来经过有关政府部门及相关行业协会调研、论证，在 2005 年 7 月 1 日取消了铝合金出口关税。2006 年，国家对加工贸易禁止类商品目录进行调整，为了鼓励再生铝产业发展，废铝的加工贸易得以保留。2008 年上半年由于电解铝出口关税增加，铝合金出口数量增长很快，国家又对铝合金出口提高关税，为了稳定再生铝产业发展，再生铝出口依然维持零关税。

2011 年 4 月 8 日，根据《中华人民共和国固体废物污染环境防治法》和有关法律、行政法规，环境保护部、商务部、国家发展和改革委员会、海关总署、国家质量监督检验检疫总局联合制定并公布了《固体废物进口管理办法》（自 2011 年 8 月 1 日起施行）。

第五章　税收政策

2008 年 12 月 12 日，财政部和国家税务总局联合发出通知，宣布从 2009 年 1 月 1 日起扩大享受增值税优惠的资源综合利用产品范围，并调整再生资源增值税政策。根据两部门通知，此次再生资源增值税政策的调整主要包括两部分内容：一是取消原来对废旧物资回收企业销售废旧物资免征增值税的政策，取消利废企业购入废旧物资时按销售发票上注明的金额依10%计算抵扣进项税额的政策；二是对满足一定条件的废旧物资回收企业按其销售再生资源实现的增值税的一定比例实行增值税先征后退政策。新政策一方面通过恢复增值税链条机制，实现国内回收和利用、国外进口和国内回收税收的统一协调，促进公平竞争；另一方面通过对符合条件再生资源回收经营企业实行一定比例的增值税退税政策，鼓励合法的规范企业做大做强，促进再生资源回收利用行业的健康有序发展。

2011年11月21日，财政部和国家税务总局联合发出《关于调整完善资源综合利用产品及劳务增值税政策的通知》(财税〔2011〕115号)，宣布大力发展循环经济，加快资源节约型、环境友好型社会建设，经国务院批准，决定对农林剩余物资源综合利用产品增值税政策进行调整完善，并增加部分资源综合利用产品及劳务适用增值税优惠政策。文件中指出以废旧电池、废感光材料、废彩色显影液、废催化剂、废灯泡（管）、电解废弃物、电镀废弃物、废线路板、树脂废弃物、烟尘灰、湿法泥、熔炼渣、河底淤泥、废旧电机、报废汽车为原料生产的金、银、钯、铑、铜、铅、汞、锡、铋、碲、铟、硒、铂族金属，其中综合利用危险废弃物的企业必须取得《危险废物综合经营许可证》。生产原料中上述资源的比重不低于90%（以质量分数计算）。

第六章 回收体系建设政策法规

2006年，商务部在全国26个城市开展了第一批再生资源回收体系建设试点工作。几年来，试点工作取得了显著成效，在全社会得到了广泛关注。2009年，商务部启动再生资源回收体系建设第二批试点，综合考虑区域分布、再生资源回收工作基础等因素，确定张家口市、大同市等29个城市；大连废旧金属集散交易市场、江西丰城市赣中再生金属集散市场和白银有色集团西北再生金属加工基地等11个集散市场作为第二批试点单位。

为进一步加快建设与发展循环经济相适应的再生资源回收体系，促进再生资源回收行业的健康发展，商务部下发了《关于加快再生资源回收体系建设的指导意见》。《意见》指出，将在社区设立规范的回收站点，再生资源进入指定市场进行规范化的交易和集中处理；生产型废旧金属形成“集中回收—加工—再生”循环链条，建成较为完善的再生资源回收体系，逐步提高再生资源回收率，实现再生资源的产业化。

2009年3月27日，商务部、财政部下发了《关于加快推进再生资源回收体系建设的通知》，通知要求将建立、完善、规范再生资源回收管理机制和再生资源回收体系。

第七章 国家“城市矿产”示范基地建设鼓励政策

2010年5月12日，国家发展和改革委员会、财政部联合发出《关于开展城市矿产示范基地建设的通知》（发改办环资〔2010〕977号），公布了第一批国家“城市矿产”示范基地名单。

2011年5月18日，国家发展和改革委员会办公厅、财政部办公厅联合发出《关于印发第二批国家“城市矿产”示范基地初选名单及有关事项的通知》（发改办环资〔2011〕1116号）文件，并公布了第二批国家“城市矿产”示范基地初选名单和国家“城市矿产”示范基地实施方案编报指南。2012年7月26日，财政部发布《2012年园区循环化改造示范试点及第三批“城市矿产”示范基地拟支持单位公示》，对第三批“城市矿产”示范基地拟支持单位名单予以公示。截至2011年，我国已确定两批共22家示范基地。第三批单位获批后，我国“城市矿产”示范基地将达到28家。

第八章 关于申报资源节约和环境保护中央预算内投资项目鼓励政策

围绕节能、节水、循环利用、资源综合利用、污染防治五个方面国家投入大量资金帮助企业加快发展。

2011年3月30日，国家发展和改革委员会办公厅发出《关于组织申报资源节约和环境保护2011年环保重大技术装备和产品产业化中央预算内投资备选项目的通知》(发改办环资〔2011〕691号）文件。

2011年6月27日，国家发展和改革委员会办公厅发出《关于组织申报资源节约和环境保护2012年中央预算内投资备选项目的通知》(发改办环资〔2011〕1524号）文件。

第九章 关于废家电等电子电器产品回收利用鼓励政策

2009年2月25日，温家宝总理签署国务院第551号令，公布《废弃电器电子产品回收处理管理条例》，自2011年1月1日起施行。条例规范的是列入《废弃电器电子产品回收处理目录》（以下简称《目录》）的废弃电器电子产品的回收处理及相关活动。国家将建立废弃电器电子产品处理基金，用于废弃电器电子产品回收处理费用的补贴。电气电子产品生产者、进口电器电子产品的收货人或者其代理人应当按照规定履行缴纳义务。

2009年5月19日，国务院总理温家宝主持召开国务院常务会议，研究决定，采用财政补贴方式鼓励家电“以旧换新”。在北京、上海、天津、江苏、浙江、山东、广东、福州和长沙等省市开展电视机、电冰箱、洗衣机、空调、电脑等5类家电产品“以旧换新”试点。对交售补贴范围内旧家电并购买新家电的消费者，原则上按新家电销售价格的10%给予补贴，分品种确定最高补贴额度；对回收补贴范围内旧家电并送到拆解处理企业的运输费用，给予定额补贴。2009年中央财政安排20亿元资金用于家电“以旧换新”补贴。

第十篇

再生有色金属国内主要生产商

第一章　中国再生铜主要生产商

第一节　宁波金田投资控股有限公司

宁波金田投资控股有限公司始建于 1986 年 10 月，是一家以铜加工为主的中国 500 强企业，也是国内产品系列最为齐全、综合加工量最大的铜加工企业。

公司占地面积 2000 多亩，员工 5000 多人，产业涵盖铜加工、高新材料、有色金属贸易等领域，下辖十几家生产型及贸易型分子公司。主要产品有阴极铜、铜线、铜棒、铜管、铜带、漆包线、铜阀门、管接件、水表等，产品产量均居行业前列。公司建立了国家级工程技术研发中心和博士后工作站，通过了 ISO 9001：2008 质量体系认证，阴极铜、铜管、铜棒、铜线为浙江省名牌产品，其他产品为宁波市名牌产品，金田注册商标被评为“中国驰名商标”。公司以“绿色金田”为环境目标，投入大量资金用于环境保护和生态建设，通过了浙江省清洁生产审核和 ISO 14001：2004 环境体系认证，并多次被评为省绿色企业（清洁生产先进企业），荣获“宁波市环境友好特别奖”，被列为“全国循环经济”试点单位、“全国工业旅游示范点”和全国首批7个“城市矿产”示范基地之一。

公司以“团队、学习、诚信、责任”为核心价值观，通过实施人性化管理，推行OHSAS18001职业健康安全体系，营造花园式的厂区及舒适的生活、工作环境，努力创建和谐的劳动关系，荣获“全国模范劳动关系和谐企业”。

另外，公司还先后获得中国优秀民营企业、全国“守合同，重信用”单位、浙江省百强企业、资信AAA级企业、浙商社会责任大奖、首届宁波市市长质量奖、全国实施卓越绩效模式先进企业等荣誉。

面对新的机遇和挑战，公司将继续贯彻落实科学发展观，不断优化产业布局和产品结构，不断创新经营模式，加大科技创新力度，加快转型提升步伐，为实现“建先进制造业基地，进入全球铜加工行业前三强”的宏伟目标而努力奋斗。

第二节 江西铜业集团公司

成立于1979年的江西铜业集团公司（简称江铜），为目前中国最大的阴极铜生产商，产能位居世界前三。公司在铜以及相关有色金属领域，拥有勘探、采矿、冶炼、加工于一体的完整产业链，并通过对贸易、金融、物流等相关资源的有效整合，构成领先于国内同行的发展优势。江铜为国内铜精矿自给率最高的公司，是国内最大、最现代化的铜生产和加工基地，黄金、白银、硒、碲、铼等稀贵金属和硫化工的重要生产基地。公司拥有8家矿山（含权益）、5家冶炼厂、6家铜加工企业、3家稀散金属生产单位、1家稀土公司，以及财务公司、金瑞期货公司、国际贸易公司、物流公司等增值服务体系。2008年，实现了主要资产的整体上市，并建立了以事业部制为基本框架的现代管理体制和运行机制。

21世纪以来，公司秉承“用未来思考今天”的发展理念和“与顾客共创价值”的经营理念，实现了高速的增长。产能从20万吨上升到105万吨，营业收入从47.2亿元上升到1354亿元，位居2011中国企业500强第96位、中国制造业500强第37位。

在科学发展观的指导下，江西铜业集团公司进一步调整产业结构，完善产业布局，继续巩固中国铜业领跑者的地位，成长为以铜为主、以资源为基础的国际化一流公司。

第三节　海亮集团有限公司

海亮集团有限公司创办于1989年8月，集团总部位于浙江省诸暨市。创业20年来，海亮人秉承“高效、卓越、服务、奉献”的企业精神，坚持以人为本，科学发展，持续推进“国际化战略，品牌战略和资本运作战略”，实现了持续、稳健、和谐发展。公司现有员工9000多人，创造了上百亿的资产，拥有（控股）58家子公司，现已发展成以铜加工、房地产、金属贸易、矿产开发、基础教育、商业百货等为主体的国际化大型民营企业集团。

浙江海亮股份有限公司现已成为全球知名铜加工企业，全球最大的合金铜管生产企业；海亮进入房地产行业短短五年时间，已进入自我壮大、滚动发展的良性轨道，跻身中国房地产百强企业；矿产开发是海亮的中长期投资方向，把铜加工龙头企业发展壮大成矿山、冶炼、加工到深加工的一体化转型是公司未来的发展目标，目前在新疆、内蒙古等地都有投资项目；在全球最大的有色金属现货市场——上海物贸大厦，海亮有色金属贸易量已居同行首列，行业领头羊的地位日益凸现；海亮教育集团现拥有三大校区，共有在校师生1.6万余人，已成为中国最大的民办中小学。

海亮荣获“全国五一劳动奖状”、“全国用户满意企业”、“全国名优特产品售后服务先进单位”、“全国模范劳动关系和谐企业”、连续6年“全国安康杯竞赛优胜奖”等荣誉称号。

第四节 山东金升有色集团有限公司

山东金升有色集团有限公司是以再生铜回收、精炼、加工为主导产业，新型建材、煤炭矿业、房地产开发、信用担保、小额贷款、交易批发市场、物流货运等为辅助产业的综合性大型企业集团，再生铜生产加工规模居全国前列。公司生产的“沂蒙”牌高纯阴极铜产品于2004年在上海期货交易所注册，是我国首家以高纯铜标准注册的民营企业。“沂蒙”牌商标荣获“山东省著名商标”和“中国驰名商标”，“沂蒙”牌高纯阴极铜分别被评为“山东名牌”产品和“国家免检”产品。

集团公司已通过质量、环境和职业健康安全管理体系认证，取得了国家六类、七类固体废物进口许可，是《铜及铜合金废料》、《电工圆铜线》及《再生有色金属工业污染物排放标准——铜》国家标准参与制定单位。集团公司先后被批准列为全国第二批循环经济试点单位和山东省重点培育的循环经济型园区，临沂金升有色金属产业基地被国家批准列为全国“城市矿产”示范基地。连续6年纳税超过亿元，总资产规模47亿元。先后荣获国家火炬计划重点高新技术企业、全国守合同重信用企业、全国有色金属行业先进集体、中国大企业集团竞争力500强、中国民营企业500强、全国全面质量管理达标单位、全国诚信守法企业、山东省循环经济示范单位、山东省节能突出贡献企业、山东省节能环保产业示范企业、山东省诚信企业、山东省百强工业企业、省级环境友好企业、省级文明单位、临沂市十佳企业等荣誉称号。

东部铜业股份有限公司于2009年8月开工建设，由金升集团投资控股，项目固定资产总投资22亿元。由南昌有色冶金设计研究院和洛阳有色设计研究院规划设计，中国第十五冶金总公司承建。项目分别为年产32万吨铜合金线杆生产线和年产20万吨高纯阴极铜系列工程，引进德国西马克·梅尔公司、芬兰奥托昆普、瑞典卡尔多核心技术，和中国瑞林工程技术有限公司共同研发的NGL炉纯氧燃烧新技术。该项目建成后将成为中国有色金属再生行业标志性工程。以上项目全部建成达产后，可实现年新增产值200亿元，利税15亿元。

第五节 山东方圆有色金属集团

山东方圆有色金属集团成立于1998年，是以阴极铜生产为主，金、银、铂、钯、硒、锑、铋等稀贵稀散金属综合提取，集科工贸于一体的集团化企业。集团总资产170亿元，员工2400余人。铜产量位列全国第六位，金、银产量均列全国前十位，山东省百强企业，全国500强企业。2011年，集团主营业务销售收入412亿元，利税31亿元。

集团与中国恩菲工程技术有限公司合作研发的“氧气底吹熔炼多金属捕集技术”，具有完全自主知识产权，填补了国内外有色冶金领域的空白，作为“世界第四代铜冶炼新技术”被载入史册。先后荣获“山东省科技进步一等奖”和“中国有色金属工业科学技术一等奖”。目前，国内已有十几家采用该项工艺技术，智利、加拿大、澳大利亚、非洲的矿山及冶炼厂已经采用或准备采用该技术进行技术改造和升级换代。

公司始终坚持“走出去”的战略，积极立足全球拓宽原料供应渠道。与全球著名的矿商、贸易商建立了良好的合作关系，在全球十几个国家和地区形成了一个强有力的矿粉供应网络，充分保障了矿粉的需求。与全球著名废杂铜供应商建立了稳定的废杂铜供应网络和基地，并在国内建立了废杂铜供应基地。与国内外多家大型冶炼厂建立了合作关系，拓宽了粗铜和阳极板的供应渠道。建立起了精矿—废杂铜—粗（阳极）铜“三足鼎立”的原料构成格局，保障了企业的原料需求。

集团系国家重有色金属质量监督检验中心高新技术创新基地，北京现代循环经济研究院研究基地，山东省循环经济示范企业。先后获得全国双爱双评先进企业、全国民营科技发展贡献奖、全国有色行业信用评价 AAA 级信用企业、山东省和谐劳动关系优秀企业、省级守合同重信用企业、银行系统 AAA 级信用企业等荣誉称号。

第六节　常州市盛洲铜业有限公司

常州市盛洲铜业有限公司创建于 1988 年，原名武进电解铜厂，2001 年改制为股份合作制企业，2008 年更名为常州市盛洲铜业有限公司。公司位于江苏省常州市武进区东南部，紧靠 312 国道、沪宁铁路、沪宁高速和沿江高速，交通便捷。

公司的生产原材料 100% 为废杂铜，经过加工，生产出优质再生铜产品，包括电解铜、ϕ8mm 低氧光亮铜杆、ϕ3.5mm 铜丝。相对于以矿铜为原料的冶炼企业，发展了循环经济，节能减排效果显著，受到国家产业政策的支持和鼓励。

20 多年来，公司一直专注于再生铜行业，经过不断地积累与沉淀、创新与变革，发展壮大。目前，公司注册资金 10960 万元，总资产 15 亿元，员工 600 人，已形成年处理各种含铜废料 15 万吨、年产 10 万吨电解铜、10 万吨低氧光亮铜杆、3.5 万吨铜丝的生产加工能力。

2011 年，公司销售额 80 亿元人民币，纳税超 2 亿元，被常州市政府授予“常州市五星级明星企业”称号，并荣列“中国民营企业 500 强”。

第七节　宁波世茂铜业有限责任公司

宁波世茂铜业有限责任公司创建于 2001 年。公司坐落于余姚市姚北工业新区滨海产业园，位于余姚市东北角，杭州湾南岸。沿海高速公路、余姚大道途经此地，距杭州湾跨海大桥仅 11km，处于沪、杭、甬品字形交通圈的中心枢纽地带，交通条件十分优越。

公司拥有各种先进生产设备 780 多台（套），员工 1200 余人，总资产 1.35 亿元，具有年产电解铜 10 万吨、铜杆 7 万吨，各种规格无氧环保铜丝 7 万吨的生产能力。公司的主导产品“世茂”牌电工圆铜线，品质完全符合或优于国家

GB/T 3953—83 标准，及 ROHS 指令的要求，享誉长三角。公司视产品质量如生命，检验机构、检测设备完整，设有专门的化验室、检测室、计量室，配有相应的化验员、检测员、计量员。公司在稳健中求发展，2003 年投入 2000 多万元，对原有生产设备进行更新，改进生产工艺，有力地提高了生产效益。2004 年投入 3000 万元以上，引进电脑控制拉丝机，进行技改扩产，销售额已达 7.3 亿元左右，使产品质量和产量得到了显著提高。2005 年又投入 3000 万元，新上电脑控制拉丝机，进行改扩产改造，当年产销已突破 10 亿元。2008 年在企业遭受金融危机的背景下，企业仍灵活采用即期、远期套期保值相结合的方式锁定生产成本，2008 年产值突破 20 亿元。

公司秉承“诚信、务实、创新、进取”的企业精神，在董事长、总经理李立峰为核心的领导班子科学决策下，深化公司产业链，不断推进、健全企业管理制度，努力实现“一流产品、一流管理、一流效益、一流企业”的企业经营目标。

经过十年的艰苦创业，公司已发展成为余姚市重点骨干企业，宁波市明星企业，浙江省重点骨干企业，宁波 100 强，AA 级企业。拥有宁波众茂姚北热电有限公司、江西世茂铜业有限公司、宁波立宇机械有限公司等控股子公司。

第八节　赣州江钨新型合金材料有限公司

赣州江钨新型合金材料有限公司是由江西稀有稀土金属

钨业集团有限公司和赣州市国有资产经营有限责任公司共同出资设立的有限责任公司。公司成立于2008年1月28日，注册资本2.5亿元，是国内首家采用再生铜直接利用工艺技术生产高导电低氧光亮铜杆（Cu-FRHC）和直径2.6mm以下的光亮高导电铜线的企业；公司建设项目被国家列为2009年资源节约和环境保护项目，被中国有色金属工业协会授予全国唯一的“中国紫杂铜直接利用示范基地”，为目前国内再生铜直接利用领军标杆企业。

公司设计年生产规模为高导电铜杆及铜线46万吨，分二期建设：其中，一期工程利用废紫杂铜年加工12万吨ϕ8mm铜杆产品及3万吨2.6mm铜线产品；二期工程利用废紫杂铜年加工24万吨ϕ8mm铜杆产品及7万吨线材及管材等深加工产品。一期工程总投资9亿元，其中固定资产投资2.6亿元。

公司采用的是国际领先水平的再生铜直接利用工艺技术与装备，用于废紫铜的连续冶炼，从而得到可控杂质含量的液态铜，经过连铸连轧生产出铜杆。公司同时引进国际先进成熟的烟尘治理工艺技术和设备，与国内目前铜冶炼工艺相比，公司生产具有资源利用率高、产品生产流程短、成本低、热效率高、能耗低、环境污染少的特点。

公司形成完善的技术创新体系和自主知识产权体系，为全国知识产权试点示范企业的江钨集团公司技术中心铜新材料部。2010年，公司已获得高新技术企业认定。受全国有色金属行业标准委员会委托牵头起草《电工用火法精炼再生铜线坯》行业标准，已通过终审。

第九节　湖南金龙国际铜业有限公司

湖南金龙国际铜业有限公司成立于2006年9月，坐落于望城经开区，注册资本6000万元，由母公司金龙电缆投资10亿元，从签约至投产不到半年时间。2007年再生资源循环经济精深加工、收购、销售光亮铜、铝杆和铜、铝制品等产品达2万吨（含控股子公司），2008年购、产、销产量过4.5万吨，2009年产量7.5万吨，2010年产量过12万吨，2011年产量过15万吨。“十二五”期间其购、产、销年产量将达到60万吨。

公司是一家专业利用铜铝再生资源循环经济制造铜铝新材的国家高新技术企业，经营范围有光亮铜（铝）杆、铜板、铜线、铜材、铜管、铜（铝）排、铜包铝、铜（铝）合金、铜包钢、纳米漆包线、扁铜线、铜（铝）箔等产品。其系列产品主要用于电子信息产业、汽车、航空、航天、船舶、核电、电力电缆、轨道交通等领域。

公司高度重视科技创新，采取外联合作和自我研发相结合的方式，与湖南大学、中南大学、上海电缆研究所等国内多家大学和科研院所强强联合，拥有湖南铜铝材精深加工工程技术研究中心、湖南铜铝产品检测中心等多个技术创新平台，采用国际上一流的火法精炼高导电铜杆技术，生产的产品品质高、外观光亮、性能稳定，年产销达到20万吨，产品畅销国内外。

2008年，公司被湖南省政府确定为“湖南省千亿产业群”及湖南“双百强工程”，2008年位列“长沙市工业企业20强”第九名、2009年位列“长沙市工业企业30强”第八名、2010年度位列“长沙工业30强”第七名，获2010年度长沙工业“二次创业”十佳企业第三名、2010年度长沙市税收大户过亿元企业第五名、2010年度湖南省有色金属30强企业第三名。

“十二五”期间，国家将再生资源循环经济提高到朝阳产业、阳光产业、新兴产业的高度，全国每年有色金属年产1200万吨，其中电线电缆消耗铜、铝资源600万吨。公司为提高企业再生铜金属产品的生产技术，引进世界先进的拉法格（FRHC）火法精炼工艺和设备，每一条生产线年产值过200亿元，节约能源95%，环保将达到欧美国际标准，这将是中国再生资源循环经济的一场革命，会改变国内利用废杂铜生产高导电工铜杆的被动局面，推动再生产业技术进步及技术创新，促进企业产品升级。

第十节　九星控股集团通辽铜业公司

九星控股集团通辽铜业公司位于内蒙古自治区科左后旗甘旗卡镇，成立于2006年11月，是集废旧金属回收、铜及铜合金材加工、电线电缆生产制造于一体的民营企业。厂区占地面积为15万平方米，建筑面积5.5万平方米，现有总资产一亿多元，注册资金2000万元，员工300人。主要生产铜铸坯、光亮铜杆、合金铜杆、铜丝、电线电缆等产品，年加工生产能力为7万吨。规划产能20万吨。

公司是九星集团全资控股子公司，也是九星集团铜材产品重要生产基地之一。九星控股集团是集投资管理、铜材加工、电缆生产和化工制造于一体的大型民营企业集团，是国内最大的电缆屏蔽铜带产品专业生产企业。

通辽铜业公司已经形成了从原料采购、产品生产和检验到市场销售的完整生产销售管理体系，具有发展铜加工材的基础和优势，同时具有很强的资金实力。

第二章　中国再生铝主要生产商

第一节　上海新格有色金属有限公司

上海新格有色金属有限公司正式成立于1992年12月，注册资金5780万美元，花园式新工厂厂区占地面积540亩，绿化面积达到31%，现有员工1000余人，是国家级循环经济试点第一批单位，也是国家海关总署颁发的AA类优秀进出口企业。

公司生产产品系采用废铝、废锌料再制成铝、锌合金锭，具备年产40万吨生产能力，符合国家“十一五”规划发展要求。产品主要为汽车制造业及压铸产品配套，其中50%出口。

公司将充分利用长江三角洲作为中国最具活力的经济区所蕴藏的废铝资源，开发“城市矿藏”，并且以上海优越的地理区位优势，拓展再生铝的国际贸易空间，从而保护天然铝资源，为铝工业的可持续发展贡献力量。

第二节 怡球金属资源再生(中国)股份有限公司

怡球金属资源再生（中国）股份有限公司坐落于享有“文化底蕴丰厚，工业发展迅速”美誉的江苏太仓，公司成立于 2001 年 3 月 15 日，占地面积 694 亩，注册资本为 41000 万元人民币，员工人数 1360 余人，是一家专业生产及加工铝合金锭的企业。

公司已于 2012 年 4 月 23 日在上海证券交易所主板 A 股成功挂牌上市，股票简称：怡球资源，股票代码：601388。

2011 年，公司产量约 26.50 万吨，销售额超过 20 亿元人民币，主要缴纳企业税收为 5521 万元人民币。

自 2003 年正式投产以来，公司在国内外市场营销、生产管理、技术革新和原材料采购方面积累了丰富的运营经验。同时，产品铝合金锭的品牌已成为中国同行业中的佼佼者。目前，公司的年产能已达到 30 万吨。

近年来，公司先后获得太仓市十大出口创汇大户、销售大户、纳税大户，江苏名牌产品、江苏省循环经济试点单位、江苏省高新技术企业、江苏省企业技术中心、江苏省外资研发机构等荣誉；并通过 ISO 9001、ISO/TS16949 质量管理体系、ISO 14001 环境管理体系认证。

公司生产的产品质量达到了较高的标准。目前，公司是国内仅有的少数几家铝合金锭产品在伦敦金属交易所（LME）注册并能实际交割销售的生产企业之一，标志着公司的产品质量已经符合国际市场的标准。

公司在发展的同时，非常注重产业的环保，于 1996 年先后加入国际再生资源协会 BIR 和废旧循环利用工业协会 ISRI。

公司永恒的经营目标：做大循环经济产业，创造一流再生铝基地；朝着亚洲第一、世界第一的愿景迈进。

第三节 浙江万泰铝业公司

浙江万泰铝业有限公司创办于 1987 年，集科研、生产、经营于一体，专业生产铸造铝合金锭的国家乡镇大二型企业，国内最大的铸造铝合金锭生产企业之一。2000 年，万泰铝业进入铝材加工行业，并与重庆长江电工集团合资，充分发挥机制和设备优势，生产以热轧开坯的铝板带箔（铝板、铝带、铝箔）产品。具备生产 1 系、3 系、5 系、8 系等有良好深冲性能又有表面氧化处理效果的热轧板、冷轧板、铝带、铝卷、铝箔材、厚板及圆片等高质量铝材的强大实力，迅速成为铝板带箔（铝板、铝带、铝箔）行业的龙头企业。在发展过程中，公司坚持“以市场为导向，以质量为生命”的原则，先后引进国外先进熔炼控制系统与质量检测设备，使生产过程和产品质量得以有效控制。生产经营系统均采用计算机网络管理，质量管理体系先后通过 ISO 9002、QS 9000 认证。企业创办以来，公司连续多年被评为永康市纳税大户，AAA 级资信企业。曾荣获浙江省非公有制经济双文明单位、浙江省工商联民营会员百强企业、浙江重点民营企业等多种称号，是全国民营企业 500 强之一。

在生产经营中，公司始终坚持社会效益、环境效益和经济效益并重的原则，大力推行清洁生产，高度重视“三废”综合利用与再生资源的回收利用，严格按国家标准进行废物处置。为此，公司投入百万余元栽种花草树木，开挖池塘，对厂区环境进行美化，建设花园式工厂；购进先进的除尘环保设备，先后投入近千万元对生产工艺进行改造，兴建煤气发生炉，采用上炉低温熔炼工艺和负氧燃烧技术，对生产过程中产生的铝熔渣、煤渣等废物废料进行再利用，既减少了污染，又节约了成本。在建设熔炼炉时，采用热交换式反射炉，改普通烧嘴为蓄热式烧嘴，实现余热回收。此外，公司每年都要捐赠一大笔资金，用以资助贫困学子、农民和新农村建设。

江西万泰铝业有限公司位于崇仁县工业园 C 区，由浙江万泰铝业董事长徐小飞于 2006 年 2 月投资 1.2 亿元兴建，现有员工 300 余人，分别来自陕西、湖南、安徽等 8 个省份。2010 年，公司实现销售收入 6.3 亿元，上交税金 2660 万元。

在“追求一流，创造美好”理念的指引下，公司建立了完整的质量保证体系，通过了ISO 9002、ISO 9000认证，生产经营全部采用计算机网络管理。优良的产品质量和售后服务，赢得了国内外汽车、摩托车生产厂商的信赖。

公司致力于做大做精主业——生产中国、美国、日本、德国等国家标准及企业标准的各种铸造铝合金锭，为国内汽车、发动机及零部件提供优质材料。同时拓展铝铸件和铝板带产品；反哺农业，开发盘龙谷生态休闲区；发展文化事业，创建永康万泰美术馆。

公司秉承“诚信务实，合作创新”的理念，以“追求一流，创造美好”为目标，依托良好的生产设备和先进的工艺技术、高素质的优秀员工队伍，引领铝业发展潮流。

第四节　重庆顺博铝合金有限公司

重庆顺博铝合金有限公司始建于2003年，地处重庆市璧山县璧城镇工业园区，占地面积128亩，注册资金1.5亿元，年设计生产铝合金锭和铝制品加工能力为15万吨，是西南地区规模较大的再生铝合金锭熔炼企业之一。公司曾获重庆市再生资源优秀企业称号，是重庆市优秀民营企业50强之一，2009年进入重庆市企业100强。2011年实现产值17.8亿元。

公司产品主要覆盖重庆市辖区，产品主要为西南地区的汽车、摩托车行业（如长安铃木和福特）的配套厂家和各铝制品公司提供优质的铝合金锭系列产品，部分产品流向分布于浙江、江苏、天津、四川等省市。

公司拥有目前国内先进的再生铝合金熔炼设备和附属配套设施。公司为了确保产品质量，公司引进了国内外先进的质量检测设备。如，直读光谱仪三台，其中日本岛津产的PDA5500 型—Ⅱ、Ⅲ各一台，英国阿郎公司产的 550 型一台，日本产的 CK—40 型金相测试仪一台，济南产的 WEW—100A 拉力试验机一台等专用设备。公司的生产设备先进，专业技术力量雄厚，能确保为用户提供国标、部标标准和用户自订技术参数的铝合金锭产品。

公司计划在重庆合川区购置土地兴建年产 30 万吨再生铝合金锭加工基地，同时计划在重庆涪陵区 10 万吨再生铝合金锭加工厂与广东清远区 10 万吨再生铝合金锭加工厂。2012 年，公司投资的合川新厂、涪陵新厂一期建成投产，并计划在 2015 年所有子公司二期工程全部建成投产，设计产能达到 50 万吨，产值达到 100 亿元。

第五节 浙江兰溪市博远金属有限公司

浙江兰溪市博远金属有限公司坐落于浙江省兰溪市境内，总占地面积 160 亩，建筑面积 8 万平方米，是浙江浩泰铝业投资的铝合金锭专业生产基地，有逾 20 年从事本行业经验。

目前，公司年产铝合金锭 15 万吨，产品以国标、日标、美标和德标铝合金锭为主，并具备国内外一流的生产、测量和环保设备，生产过程基本采用自动化和机械化，配备自动加料机、永磁搅拌机、浇铸流水线和自动叠锭机，生产工艺先进，产品检测配备了光谱仪、万能拉力机、低倍针孔和金相检测已及测氢仪等设备，使生产能力和产品质量得以充分保证。同时，公司不断投入资金更新环保设备，使各项排放数据达到环保要求。

为了与国际汽车工业领域先进的质量管理体系接轨，达到国际汽车行业质量体系的要求，提高市场竞争力，公司于 2008 年通过 ISO 14001：2004 质量体系认证，2009 年起建立 ISO/TS16949 管理体系。

一直以来，公司致力于打造铝合金行业最具价值品牌，为客户提供最合适的优质产品。

第六节　肇庆市大正铝业有限公司

肇庆市大正铝业有限公司是由香港翔能贸易公司投资 8200 万美元兴建的、计划年产 22 万吨汽车用高档再生铝合金的大型外资企业，产品 50% 出口海外，50% 供应给国内的汽车发动机和变速器制造企业。2009 年 1 月，经过短短 150 天的建设期，公司第一期实际投资 2200 万美元，至 2012 年大正铝业全面建成投产，年产 6 万吨再生铝合金工厂已建成投产，年销售收入 8 亿元。至 2012 年大正铝业全面建成投产，年销售收入将超过 30 亿元，其中出口收入 2 亿美元，将成为广东省乃至华南地区最大的再生铝生产企业。

理念与沿革：铝具有优越的再生性能，可以多次循环利用而不影响其使用性能。铝的再生，不构成对环境的污染，其能耗不到原铝生产 5%，工艺流程短，有害气体和粉尘排放少。无论从资源、环境、市场，还是从社会效益、经济效益等诸多方面，铝的再生利用均是一项利在当代，功在千秋的事业！

第七节　河北立中集团公司

河北立中集团公司创始于 1984 年，是一家专业研发、制造、铸造微纳米级功能性合金新材料和冶金装备制造的跨国集团公司。公司现已发展成为专业研发制造汽车、航空航天、高铁、船舶、军工、摩托车、电器等工业用铸造铝合金、变形铝合金、中间合金、特种合金和汽车铝合金车轮等产品的，集科、工、贸于一体的大型企业集团。2005 年，公司将旗下的车轮公司剥离组建了立中车轮集团，并在新加坡交易所主板上市。

立中集团现拥有 19 家成员企业，分别位于清苑县、保定、秦皇岛、广东、天津、内蒙古、山西、美国和泰国。截止到 2009 年底，拥有总资产 38 亿元，员工 5000 多人，实现销售收入 45 亿元。主要客户有：丰田、长城、本田、大众、日产、现代、三菱、通用、菲亚特、马自达、铃木、大发、一汽、吉利等。

立中合金集团现有铝合金年产能 40 万吨，还正在建设中的产能有11万吨，到2012年，合金集团年产能将达到51万吨，销售收入将超过80亿元，是中国目前最大的铸造铝合金和功能性合金新材料生产企业之一，是我国首家成功研发出高纯A356铝硅镁钛合金、高效节能自动熔炼炉组、半径60km铝液输送技术的国家高新技术企业。公司还建立了我国行业首家院士工作站和河北省轻金属合金材料工程技术研究中心、河北省航空航天金属材料工程技术研究中心，拥有100多项专利技术和专有技术。产品主要应用于汽车、高铁、电力电子、航空航天、船舶、国防等领域。

立中车轮集团现有铝合金车轮年产量870万只，还在建设中的产能有430万只。到2012年底，车轮集团年产能将达到1300万只，销售收入将超过30亿元，成为中国最大的汽车铝合金车轮制造企业之一。

集团坚持以人为本、培养人才，把合适的人放到合适的位置，做合适的事，是保障集团发展的人力资源战略。

第八节 浙江永康力士达铝业有限公司

浙江永康力士达铝业有限公司属民营企业，位于交通便利的永康市永东公路边芝英路口，主营铝合金型材、铝合金部件、铸铝合金锭。公司创建于1985年，经过20多年的创业，现已拥有占地面积3.2万平方米，建筑面积2.5万平方米。自1992年始，连续被评为永康市“纳税大户”、建设银行的“AAA”级企业。

为满足市场需求，公司历来重视软硬件的投资建设。在硬件设施方面：主要设备有国际先进水平的等水平热顶铸棒及自动浇锭生产线各两条，日本宇部1880t双动穿孔挤压生产线一条，台湾源上1750t挤压生产线一条，台湾梅瑞880t挤压生产线三条，台湾梅瑞660t挤压生产线两条，台湾梅瑞550t挤压生产线两条，自控氧化着色生产线一条，台湾产精密拉管生产线两条，多辊校直设备一套及各种国产高档精加工设备。在软件方面：公司十分重视组织与培养优秀的技术与管理人才，并且在1998年建成了公司的计算机局域网，致力开发与利用计算机应用软件（用友软件及为本公司量身定做的ERP），办公基本实现数字化，使企业的人力资源得以充分利用与发挥。1998年3月，公司取得了自营进出口权。2002年2月，公司通过了ISO 9001：2000质量管理体系认证。精良的生产、检测设备，雄厚的技术实力，保障了年产铝合金型材25万吨、铸造用铝合金锭2万吨的能力。

"遵循公理，供给需求，福利社会"是浙江永康力士达铝业有限公司的宗旨，在市场经济的发展过程中，完善现代企业的管理体系，造优质产品，提供优质服务。

第九节 重庆剑涛铝业有限公司

重庆剑涛铝业有限公司是一家集再生铝合金生产、研发、零部件铸造于一体的循环经济型企业。

公司于2008年11月28日在涪陵李渡工业园区投资建

设了年产30万吨现代化的生产、科研基地。基地占地330亩，建筑面积约20万平方米。主要利用国内外丰富的铝废料资源，进行再生金属回收，为汽车、摩托车、通用机械、家用电器等行业提供铝合金材料及铝铸件，同时，为各行业提供再生铝合金技术及科研项目服务。一期工程于2010年6月正式投产。

该公司地理位置优越，水陆交通便利，北接渝涪高速公路，南临长江，东有渝怀铁路，可覆盖全国并通达海外。

公司现有员工800余人。人员结构及知识结构全面，专业技术力量雄厚，拥有各类专业技术人才和经营管理人才，是中国西部地区再生铝合金行业专业技术力量最具实力的企业之一。可根据不同行业不同产品的需求为客户量身定制，从而满足客户的不同需求。

该公司建立了完善的质量保障体系，已通过ISO 9001：2000、ISO 14001：2000、ISO 16949：2009体系认证及3C认证。并获得国家经贸委颁发的摩托车生产准入许可证。

公司已取得了AQSIQ注册认证，可利用全球再生铝资源进行生产。

公司将不断地持续改进，更大的降低成本，最大限度地满足客户需求，为客户提供优质产品和服务。

第十节　佛山市南海创利有色金属制品有限公司

佛山市南海创利有色金属制品有限公司始创于1999年，

是一家融生产和经营于一体的铝合金制品的生产企业。公司的产品以出口为主，兼有国内内销，公司拥有自营进出口权。公司总部现位于广东省佛山市南海区狮山镇南海科技工业园有色金属加工区内，（并在佛山市禅城区汾江中路20号南座9楼设有常驻办事处）占地面积约为7万平方米，其中厂房面积6000m^2、办公面积1000m^2，现有职工500多人。拥有资产一亿元人民币。公司现有的主要客户多为大型汽车生产企业，客户包括日本的丰田、三菱、本田等。

公司技术力量雄厚，现有各类技术人员30余名。其中，有在本行业中出类拔萃的专业人才。为了确保生产的产品质量，公司积极引进国内外先进的生产技术和设备，建成了国内目前最为先进的自动化铝合金熔炼炉，还引进了高科技的各种检测仪器，以确保公司生产的产品从原料购进到产品出厂都符合国内外的铝合金行业标准要求。

公司新工厂的建设从开始就本着建设环保节能型的绿色企业为宗旨。为使公司的生产流程符合国家环保要求，投入巨资建成了当前国内最为先进的环保生产系统，做到了在生产铝合金产品的过程中的烟尘排放以及除硫除酸气全面符合国家的排放标准。由于公司引进的都是较为先进的环保节能型的生产设备，因此在生产节能方面已在本行业中处于领先水平。

公司现主要生产日本国标准的铝合金锭，型号包括：ADC10，ADC12以及ADC3，HD4等，同时公司还生产国际标准的各种铝合金锭，型号包括：ZLD102，ZLD104，

ZLD107，ZLD108，ZLD111 等高级铝合金锭。另外，还可根据客户的要求为客户定制生产加工各种不同化学成分和物理特性的铝合金锭产品。

展望未来，公司将秉承自始创以来所生成的优良的公司文化，坚持以“一流的产品，合理的价格，完善的服务，诚恳的态度”为宗旨，竭诚与商业伙伴创造双赢的合作关系，为广大客户提供优质的铝合金产品。

第三章 中国再生铅主要生产商

第一节 江苏春兴合金集团有限公司

江苏春兴合金集团有限公司是国内最大的铅再生企业，主要从事废铅酸电池等含铅废料研究开发和综合利用。具备年产铅及铅合金 10 万吨的能力。主要产品有精铅、蓄电池板栅合金、电缆护套铅、三氧化二锑等四大类六十多个品种，拥有资产 1.5 亿元。公司通过了 ISO 9002 国际质量体系认证。同时，正在进行 ISO 14000 国际环保体系认证。连续多年位居邳州市私个企业纳税第一大户和徐州市五十强企业，是邳州市和徐州市人民政府重点扶持企业。

公司以邳州为基地，在徐州和邳州市委市政府的重点扶持下，得到快速发展，创造出具有中国特色的无污染冶炼废铅酸蓄电池新技术，获得原国家科委和科技部确认的专有技术拥有权，是我国铅冶炼行业唯一一家以技术优势在国外成功办厂的企业，被国家列为“八五”无污染再生铅攻关项目示范厂。年产10万吨无污染再生铅生产线被国家列为2002年重大技术改造项目，并享受国家第六批国债贴息，这也是国债项目首次落户再生有色金属行业。

公司不仅拥有企业专有的熔炼炉、精炼炉、合金炉等国内先进的关键设备，而且还从美国引进世界先进水平的废铅蓄电池破碎转化设备和从德国引进国际一流的高级直读光谱仪检测设备；不仅引进一大批本科生和硕士研究生，而且还从实践中培养一批高级技术和管理人才。凭借独立的知识产权和自成体系的专有技术，公司先后在国内广东顺德、福建厦门、天津、重庆和国外泰国、印度尼西亚等地建立了全资或控股企业。其中，泰国分厂被我国驻泰王国大使赞誉为中泰伟业。2002年7月，公司开发成功的搓化精炼锑白新工艺，开拓了我国工业化处理铅锑渣的新路，解决了多年困扰再生铅行业锑渣难以利用的难题，填补了国内空白。该项技术具有高效、节能、无污染、综合利用高等优点，缓解了我国锑资源紧张的格局，培育了新的经济增长点。

公司以技术优势为依托，致力于推动中国铅再生行业的健康发展，立足国内，走向世界，整体推进，正朝着更高的目标迈进。

第二节　安徽省华鑫铅业集团有限公司

安徽省华鑫铅业集团有限公司是2003年成立的股份制

公司，以再生铅冶炼加工为主导产业。公司占地面积 $1km^2$，固定资产投资3亿多元，已建成标准钢构厂房8万平方米。现有直接生产加工人员3500人，购销运输人员近6000人。公司年回收废旧电瓶、含铅废物约45万吨，年产再生铅能力达33万吨，公司已成为全国最大的废旧电瓶回收和再生铅生产、加工基地。

2006年，公司被国家标准化委员会指定为国家《再生铅及合金铅标准》制定单位，集团公司再生铅项目2005年12月被列入省“861”行动计划及阜阳市“6611”工程，公司是全省最早持有《危险废物经营许可证》的集团公司。目前，公司已经形成了从再生粗铅延伸到精铅、合金铅等多种产品的产业链条，2006年3月被列为安徽省首批循环经济试点园区，2007年11月又被国家发展改革委、环保总局等六部委列为全国第二批循环经济试点园区，2010年又被列为国家“城市矿产”示范基地。

公司主要业务有：废铅、废旧蓄电池回收、冶炼、再生粗铅、精铅、合金铅加工。公司在各个省大中城市设立了600多个收购网点，形成了覆盖全国乃至周边国家的收购网络。

第三节　安阳市豫北金铅有限公司

豫北金铅集团以豫北金铅、三丰铜业、金鹏铅业为支撑，发展有色金属冶炼、金属压延及深加工项目，正逐步形成以铜、铅、锌等有色金属研究、开发、冶炼、深加工压延、回收、拆解、分类、商贸、物流、金融投资等于一体的企业集团。豫北金铅集团有安阳市豫北金铅有限责任公司、河南三丰铜业有限责任公司、安阳市金鹏铅业有限公司、安阳市金源金属回收有限责任公司等大中型有色金属生产冶炼企业，企业以电解铅和高精度超薄铜板生产为主，以黄金、白银等为副产品。

安阳市豫北金铅有限责任公司始建于1993年，是一家以有色金属冶炼为主业，电解铅、白银为主要产品，黄金、硫酸为副产品，集有色金属冶炼、稀贵金属加工冶炼、资源综合利用于一体的大型有色金属生产加工企业。拥有年产电解铅16万吨、黄金0.5t、白银360t、硫酸8万吨的生产能力。拥有在职职工近2000人，各类专业技术人员430余人。2010年底，公司资产总额18亿元，实现销售收入21.7亿元，出口创汇6337万美元。

安阳市金鹏铅业有限公司被列为“行业循环经济示范试点项目”的年产10万吨再生铅项目工程已投产。该项目主要以废旧铅蓄电池为原料，生产还原铅锭和合金铅锭，设计废旧蓄电池年处理为15万吨，主要产品为还原铅和各种型号合金铅，年生产能力10万吨。该项目于2008年建成投产，可实现年销售收入13亿元，可回收塑料1万吨。该项目总投资近1亿元，引进美国LMT公司的重选处理设备，污水零排放，100%循环使用，属废旧蓄电池无害化处理项目。

河南三丰铜业有限责任公司设计年产各类高精度超薄铜板带10万吨，一期5万吨，属河南省重点工业项目，中色科技总设计，工程总投资14亿元，总占地面积400多亩，总用人657人，其中中高级技术人员300余人。一期5万吨工程于2008年8月正式开工建设，于2011年6月建设完成，项目的产品将有利于我国铜板带加工行业的产业升级，扭转目前高精度铜板带材产品主要依赖进口的局面。到2015年“三丰铜业”产能将实现高精度超薄铜板带10万吨、高尖端电子接插件4万吨、高频内螺纹焊管3万吨、电子铜箔1万吨，实现销售收入145亿元，创利税14亿元。

安阳市金源金属回收有限责任公司属废旧金属拆解市场，市场总占地面积1000亩，总投资3.6亿元。2015年全面建成后预计每年可回收拆解各类废旧金属150万吨（金属量）。

豫北金铅集团生产的“豫北”牌铅锭为河南省高新技术产品、优质产品、名牌产品，分别在伦敦金属交易所（LME）和上海期货交易所注册。目前，公司生产的电解铅在我国铅冶炼行业产量排名前列。公司被省科技厅认定为“省科技企业”，拥有省级企业技术中心，2010年1月和9月被省政府分别列为“省142家重点转型升级企业”、“河南省循环经济示范试点单位”，被工信部认定为“铅锌行业准入企业”。

第四节　河南豫光金铅集团有限责任公司

河南豫光金铅集团有限责任公司始建于1957年，1997

年组建集团公司，现有职工近7000名，主营业务为有色金属、贵金属冶炼等，核心企业为河南豫光金铅股份有限公司和河南豫光锌业有限公司。河南豫光金铅股份有限公司于2002年7月在上海证券交易所上市，是世界最大的铅冶炼企业、中国最大的白银生产企业。

经过50余年的发展，公司已经发展成为一个以有色金属冶炼为主兼多元化经营的大型企业集团，成为中国有色金属行业铅锌领域大型骨干企业，国家第一批循环经济试点单位，全国废旧金属再生利用领域试点企业。2009年，公司位居中国企业500强第477位，中国制造业500强第277位，一般有色及压延加工业第20位。目前，公司产品种类达30余种，主要产品的年生产能力为：铅40万吨、电解锌25万吨、硫酸60万吨、黄金3000kg、白银700t、蓄电池20万KVAH。

主导产品“豫光”牌电解铅、“豫光”牌白银、“豫光”牌高纯锌，分别在伦敦金属交易所（LME）和伦敦贵金属协会（LBMA）注册。公司生产的铅锭、锌锭、银锭被中国有色金属工业协会授予“有色金属产品实物质量金杯奖”。近三年来，公司先后荣获全国有色金属行业先进集体称号，河南工业突出贡献奖企业，“全国创新能力行业十强”企业、中国企业信息化500强、中国铅锌冶炼行业排头兵企业、中国制造企业500强等荣誉。2008年，北京奥运会及残奥会所有奖牌制作所需的专用金属白银，全部由公司精炼生产。

公司坚持以科学发展观为指导，不断推进自主创新步伐，先后研制开发出非定态 SO_2 转化技术、全湿法金银生产技术、铅冶炼富氧底吹氧化—鼓风炉还原熔炼技术、液态高铅渣直接还原炼铅等多项国际国内领先的核心技术，有力推动了中国铅冶炼工业的技术进步。公司还在氧气底吹炉、高铅渣直接还原、阳极泥底吹熔炼、锌的湿法冶炼等领域形成专利集群申报。公司参与了数十项有色金属行业国家标准的修订工作，成为 2 项国家、行业标准的一验单位，11 项国家、行业标准的二验单位。

第五节　山东临沂利升铅业有限公司

山东临沂利升铅业有限公司位于白沙埠镇循环经济工业园区，公司成立于 2006 年 10 月，注册资金 4000 万元，年产 2 万吨再生铅和 5 万吨精炼铅，占地面积 7.2 万平方米；现有员工 268 人，总投资 1.5 亿元，其中固定资产 6800 万元，公司集废旧蓄电池、废铅类收购、冶炼加工、销售于一体，是鲁南最大的、唯一一家经环保部门批准的以铅锭产品为主的科技型民营企业。

作为再生铅加工企业，公司以技术水平和产品质量作为企业优势，以塑造品牌为指导思想，凝聚优势，强抓主业，开拓进取，规模经营；以市场为导向，突出经营特色；以客户需求为目的，不断开发新产品，公司生产的三大类二十多个规格的铅锭制品，广泛用于各种蓄电池制造、化工、国防、电线电缆和机械制造等行业。其中，2 号精铅、合金铅、高铅锑等产品，以独特的工艺、先进的技术、尖端的检测手段和稳定的质量，获得了与国内多家大型企业建立了稳固的业务关系，业务范围形成网络结构，遍布国内多个省市，在业内享有较高的知名度和信誉度，产品供不应求。2007 年，公司产品通过了 ISO 9001：2000 目标质量管理体系认证。

几年来，公司本着“质量第一、信誉第一”的服务宗旨，不断强化提升企业内部管理。在致力于环保治理的同时，不断加强设备技术改进和新产品的研制开发，在全体员工的共同努力下，公司连年被评为市、区级“先进企业”、“纳税大户”、“AAA 级信用单位”和“守合同重信用企业”。

第六节 湖北金洋冶金股份有限公司

湖北金洋冶金股份有限公司是一家专业从事废铅酸蓄电池综合利用、废铝回收利用、铅基系列合金及铝合金研制与生产的高新技术企业。

公司在湖北和江西拥有两个再生铅合金和一个再生铝合金生产基地，已形成年处理废铅酸蓄电池 10 万吨、年产铅合金 15 万吨、铝合金 10 万吨的生产能力，发展成为国内再生铅行业骨干企业。

坚持自主创新，致力品牌建设。公司拥有省级技术中心，建有专门研发体系，建立了湖北省博士后产业基地，与华中科技大学共同组建成立了废铅酸蓄电池资源化研究中心，拥有4项国家发明专利和6项实用新型专利，承担了国家、省级科技攻关项目，开发了多项新产品，可提供技术合作与技术服务。

坚持绿色低碳，致力循环发展。公司引进了国外CX自动破碎分选系统，应用了国内外先进的清洁生产技术和优化的环境工程技术，完成了从源头到末端的全方位环境污染控制和资源的深度利用，实现了资源节约和环境友好。

公司是国家循环经济示范试点单位、国家“城市矿产”示范基地、湖北省循环经济试点单位、湖北省高新技术企业、第七类废物定点加工利用单位、武汉城市圈废弃电池集中收集网络承建单位，通过了TS16949质量体系认证、ISO 14000环境管理体系认证，依法获取湖北省危险废物经营许可证。先后荣获全国有色金属行业先进集体、湖北省十大技能减排行动环保创新单位等称号。

公司将秉承“资源有限　创造无限”的企业理念，发扬“不断创新　追求卓越”的企业精神，以发展循环经济为主线，持续推进科技创新和节能减排，全面提升发展质量，实现企业整体上市，把金洋建成最具综合竞争实力的中国再生有色金属一流企业，着力打造世界循环示范企业。

第七节　天津东邦铅资源再生有限公司

天津东邦铅资源再生有限公司坐落在朝气蓬勃的滨海新区，占地面积2万平方米，是由东邦亚铅株式会社、天津统一工业有限公司、株式会社杰士汤浅国际、高兴实业株式会社、白亚通商株式会社等共同出资组建的中日合资经营企业。

项目投资 7000 多万元，其中环保投资占项目投资的 40% 多。一期工程年可处理废蓄电池及含铅废物 2 万余吨，生产再生合金 1.2 万余吨。二期工程投产后，年可处理含铅废料 5 万吨，产品循环用于蓄电池再生产。

公司以蓄电池制造厂产生的含铅废料及津、京地区汽车及电动车更换蓄电池所发生的废铅酸蓄电池为原料进行资源综合利用，生产再生合金铅的现代化、专业化、循环经济型工厂，产品循环用于蓄电池再生产。

公司顺应了当代科学发展观的理念，使资源有限，再生无限落到实处。采用“4R”生产原则，使废物“减量、复用、回收、再生”，做到清洁生产，成为资源节约型、环境友好型静脉企业。

公司以保护环境、提高社会的环境保护意识为己任，是天津滨海新区促进节能降耗、环境保护重点鼓励企业，并得到专项财政资金扶持。

公司成为首批符合《铅锌行业准入条件》公告企业。

公司成立了全资子公司——天津金邦铅资源回收有限公司，同天津东邦公司依照环保法规共同对废蓄电池及含铅废物进行规范收集、处置。

公司通过了 ISO 9001 质量管理体系、ISO 14001 环境管理体系及 OHSAS18001 职业健康安全管理体系认证。公司管理方针是：

精心服务、追求卓越、预防污染、美化环境；

安全第一、关爱生命、遵守法规、持续改进。

第八节　河北保定风帆股份有限公司

河北保定风帆股份有限公司隶属中国船舶重工集团公司。公司的前身保定蓄电池厂始建于1958年，是“一五”期间国家156个重点建设项目之一，1992年更名为风帆蓄电池厂，1996年改制为保定风帆集团有限责任公司，2000年6月由中国船舶重工集团公司作为主发起人设立股份公司，注册资本2.18亿元。2004年7月，“风帆股份”A股（600482）在上海证交所挂牌上市，2006年2月完成股权分置改革。

公司拥有博士后工作站和行业内唯一的发改委、科技部先后认定的国家级技术中心，被国家知识产权局确定为第三批全国企事业知识产权试点单位，取得国家认可委（CNAS）颁发的“国家实验室”和“国防科技实验室”认可证书，可按国际先进标准为用户提供汽车用、工业用及各种特殊用途的蓄电池产品，获得部省级科技进步奖44项、国家级科技进步奖4项，拥有授权发明专利3项。中国化学与物理电源行业协会酸性蓄电池分会和中国电池工业协会铅酸蓄电池分会分别于2006年5月和2007年3月迁址到公司。

1995年，公司通过ISO 9001质量体系认证，2000年通过 VDA6.1 和 QS-9000 质量体系双认证，2003 年通过世界汽配行业顶级质量管理体系 ISO/TS16949 标准认证。同年，顺利通过 GBT 24001 环境和 GBT 28001 职业健康安全管理体系双认证。

公司建有完善的营销体系，成功实现为奥迪 A6、帕萨特领驭、别克荣御、北京奔驰戴克 300C、上汽荣威、南汽名爵、现代途胜、桑塔纳、依维柯等国内绝大多数主流车型的配套，占国内配套市场的 30%，连续两年跻身于“中国汽车零部件百强企业”，在全国 31 个省、市、自治区建有 16 个销售服务中心。已启用风帆电池全国联保服务系统，国内市场占有率达到 25% 以上并出口到 30 多个国家和地区，现产品已正式纳入美国通用公司全球采购体系。

“风帆”商标于 1999 年被认定为“中国驰名商标”，公司产品 2006 年正式被国家质监总局列为“国家免检产品”。公司先后荣获“全国用户满意企业”、“全国质量管理先进企业”、“全国降废减损先进企业”等称号，2004 年被国家人事部和国务院国有资产监督管理委员会联合授予“中央企业先进集体”荣誉称号。

公司不断增强自主创新能力。近几年的大规模技术改造调整优化了产品布局，蓄电池年生产能力达到 1000 万只，2005 年组织运行模式完成集约化转变，管理职能逐步下沉，强化了成本意识、提高了运行效率和市场应变能力，在持续提升起动电池制造平台的同时，致力于工业电池、新型绿色环保电源（锂离子电池、太阳能电池）产业的研发投入。

公司《“十一五”规划和2020年远景规划》提出要做大做强由起动铅酸蓄电池、工业铅酸蓄电池和新型绿色环保电源等三大支柱产品组成的主业，到“十一五”末期，各项主要经济指标与2005年相比翻一番，产值达到50亿元，销售收入50亿元，成为初步具有国际竞争力的大型蓄电池企业集团。2020年，公司工业总产值将达到100亿元，销售收入100亿元，真正成为“中国第一、世界驰名”的新能源产业集团。

第九节 江苏扬州市华翔有色金属制品厂

江苏扬州市华翔有色金属制品厂地处素有鱼米之乡美誉的里下河地区，东距京沪高速八桥出口1km，西接省道淮江公路和京杭古运河黄金水道，与江海高速相连，南靠宁启铁路江都货运中心，水陆交通十分便利。

工厂始建于1984年，经改制于2005年正式注册成立扬州市华翔有色金属制品厂。主要从事废铅蓄电池的回收冶炼，产品有合金铅、电解铅、多元素合金铅、2号铅、红丹、黄丹等。可根据客户的需要，调配各种各样的微量元素的合金铅。

工厂已通过ISO 9001国际质量管理体系认证和环境14000认证，现有员工145人，其中工程技术人员8人、管理人员20人、高级工程师3人。本着“以人为本，至诚经营，创新和谐，服务社会”的企业精神，吸纳了一批优秀的技术骨干和精于现代企业管理的人才，不断吸取企业管理的新理念，引进先进的生产工艺——煤粉碎直吹密闭鼓风炉还原熔炼工艺，积极开发适合自己的再生铅生产技术装备，年生产能力达8万吨，销售达12亿元。

第十节　河北省安新县华诚有色金属制品有限公司

河北省安新县华诚有色金属制品有限公司（原保定金帆有色金属有限公司）坐落在“华北明珠白洋淀”的家乡——河北省安新县，为北京、天津、石家庄三大城市三角区之中心区域，交通、运输极为便利。

公司现已具备年产12万吨铅及合金铅的生产能力，产品可分为铅锑系列合金、铅钙系列合金、铅镉系列合金、电缆护套系列合金、铸造轴承系列合金及加铋电铅6大系列产品，检测手段为德国进口高级直读光谱仪，可确保产品检测的快捷精确。

公司是国内首家获得ISO 9001、ISO 14001质量、环境体系双认证的铅基合金专业生产企业，其工艺之先进，品类之齐全，产品之优良已在国内同行业中享有盛誉，为天津统一工业有限公司、山东华日电池有限公司等外资、合资企业的定点配套企业。

公司是我国再生铅行业发展循环经济的领航企业之一。公司采用废铅蓄电池为原料，在行业内率先采用了自主研发的“卧转式短窑”熔炼工艺技术，使铅的回收率达到了

98.5%以上，达到了世界领先水平，很好地实现了“铅蓄电池—废铅蓄电池—再生处理—合金铅—铅蓄电池”的再生循环。

公司现已被选为中国有色金属协会再生金属分会副会长单位。公司将本着客户第一、诚信至上的原则，立足中国，放眼世界，竭诚为国内外客户服务，互惠互利，共同发展。

第四章　其他再生有色金属领域生产商

第一节　深圳市格林美高新技术股份有限公司

深圳市格林美高新技术股份有限公司，成立于2001年，2006年12月改制为股份制企业，2010年1月登陆深圳证券交易所中小企业板，股票代码002340。公司注册资金28979.109万元，净资产21亿元，在册员工2500余人，是国有风险资本、国家创新基金投资的国家级高技术股份公司。

公司秉承“资源有限、循环无限”的发展理念，以“消除污染、再造资源”为己任，推行“由循环而经济，实现企业价值、环境价值和社会责任的和谐统一”的循环产业文化。始终致力于电子废弃物、废旧电池等“城市矿产”报废资源的循环利用与循环再造产品的研究与产业化，积极探索中国“城市矿产”报废资源的开采模式。突破了电子废弃物、废旧电池等废弃资源循环利用的关键技术，建立了包括230余项专利、70余项国家和行业标准的核心技术与专利体系，创立了电子废弃物绿色再造的低碳资源化模式，成为中国电子废弃物与废旧电池循环利用的技术先导企业。先后被授予国家循环经济试点企业、国家创新型企业、国家级高新技术企业、全国企事业知识产权试点单位。2011年，公司“建设有效的回收体系，对电子废弃物和废旧电池等进行深度资源化为特征的再生利用企业循环经济发展模式”入选国家60个循环经济典型模式案例。2012年3月，公司被先后授予国家循环经济教育示范基地，为中国政府首批向社会和世界开放的9家循环经济企业之一。公司成为中国循环经济与低碳制造的领军企业之一。

公司下设深圳市格林美检验有限公司、武汉格林美资源循环有限公司和荆门格林美新材料有限公司、江西格林美资源循环有限公司、格林美高新技术北美子公司等五个全资子公司以及第三级公司：荆门市格林美再生资源有限公司、丰城格林美再生资源有限公司、荆门市新材料有限公司武汉分公司。下设城市矿产资源循环利用国家地方联合工程研究中心，深圳市环境友好金属材料工程技术中心和湖北省城市矿产资源循环利用工程中心两个省级工程中心。形成了从技术开发、资源回收到资源化利用的完整资源循环产业链发展体系。下设河南格林美中钢再生资源有限公司和荆门德威格林美钨资源循环利用有限公司两个合资公司。

公司已建成湖北、江西、河南等城市矿产资源循环利用产业基地，下一步将在江苏也建立循环产业基地，形成了覆盖华南、华中、华东、华北、西南地区的循环再造产业格局，总占地面积3000余亩，年处理废旧电池、电子废弃物、废旧灯管和各种工业废弃物50万吨以上，循环再造3500t超细钴镍粉末材料、5万吨塑木型材、1万吨铜、稀贵、稀散金属的能力，成为世界先进的废旧电池、电子废弃物、报废灯管、废弃钴镍钨资源回收利用基地，把中国的电子废弃物、废旧电池、废旧灯管等突出污染物的处理水平导入到国际先进水平行列，成为中国最大规模的废旧电池、电子废弃物和报废灯管的处理基地。

第二节 贵研铂业股份有限公司

贵研铂业股份有限公司是从事贵金属系列功能材料研究、开发和生产经营的专业企业。公司集新产品科研和产业化建设于一体，拥有一支以中国工程院院士为首的稳定的科研生产队伍，掌握着一系列贵金属功能材料的核心技术。公司产品涉及贵金属高纯材料、特种功能材料、信息功能材料、环境及催化功能材料四大类，300多个品种、4000余种规格，属国家产业政策重点支持的高技术特种功能材料行业，主要项目和产品在《当前国家重点鼓励发展的产业、产品和技术目录》、《当前优先发展的高技术产业化重点领域指南》之列，产品用户涵盖电子信息、航空、航天、船舶、汽车、生物医药、化学化工、建材、矿产冶金、环保能源等行业。公司于2001年4月取得云南省科技厅颁发的《高新技术企业认定证书》；2001 年 10 月，公司通过了 ISO 9001 质量管理体系认证，2003 年 6 月，公司通过了国军标 GJB 9001A—2001 质量体系认证，2005 年 3 月 30 日通过保密资格认证审查，2005 年 5 月取得“国家二级保密资格单位证书”。2005 年，公司还通过了国家国防武器装备科研生产现场审查并取得证书。

公司的主营业务包括贵金属特种功能材料、贵金属高纯功能材料、贵金属信息功能材料及贵金属环境及催化功能材料四大产业领域，主要产品为：汽车尾气净化催化剂、精细化工用催化剂、高浓度有机废水净化催化剂、微功耗多功能可燃性气体催化传感器、半导体气体传感器，贵金属铂、钯、铑、钌、铱、金、银各系列化合物等；贵金属焊接功能材料、测温材料、复合材料；贵金属矿产资源开发、二次资源回收利用；贵金属特种粉体（超细粉、球型粉、片状粉、复合粉等）、贵金属厚膜电子浆料、介质浆料、玻璃包封浆料、贵金属涂层及薄膜等。

作为国内贵金属功能材料生产开发的领先企业，贵研铂业股份有限公司集中了我国贵金属冶金、材料、化学、化工、加工、分析检测和经营管理等多学科各类人才，拥有一支以中国工程院院士为首的稳定的科研生产队伍，公司现有员工 330 人，其中具有高级工程师以上技术职称的技术人员占公司总人数 30% 以上，大专以上学历者占 80.37%，雄厚的人才实力为公司在行业中独占鳌头奠定了深厚基础。坚实的人才背景，奠定了公司较为完善的技术创新体系与领先的技术水平，除了继承贵研所多项科研成果外，公司还自行开发研究取得一系列技术成果。目前，公司（含控股子公司）拥有发明专利25项、专利申请权17项和非专利技术15项、非专利技术独占实施许可权164项，覆盖了公司主营业务的各个领域。

第三节　湖南万容科技有限公司

湖南万容科技股份有限公司成立于2006年，注册资本6000万元。公司以“科技、环境、资源”为核心理念，致力打造一条集环保装备研发制造，“电子废弃物”、“产业废弃物”、“报废汽车”等再生资源回收加工，有色金属与稀贵金属深加工于一体的“城市矿产”资源开发绿色循环产业链。

在环保装备研发制造领域，公司自主研发的“废印制电路板环保处理设备”、“废旧冰箱无害化处理设备”、“报废汽车破碎及废钢加工设备”先后通过国家部级科技成果鉴定，获得“国家信息产业重大技术发明”、“国家环境保护科学技术奖”、“中国专利优秀奖”、“国家重点新产品”等荣誉。

在资源回收加工领域，公司在湖南建立长沙、汨罗、郴州3个大型集中加工处理基地，在11个地市建立资源回收网络，构建以电子废弃物、产业废弃物、报废汽车为主的再生资源回收、分拣与初加工网络体系；在东莞、无锡、天津、广州、珠海、重庆、香港等地设立专业化处置基地，为电器生产企业、重金属化工企业、通讯电子产业等提供固体废弃物、重金属废液的环保处置与资源回收系统服务。

“十二五”期间，公司计划在全国投资建设报废汽车拆解，电子废弃物、产业废弃物处理，有色金属、稀贵金属精深加工等项目，实现年回收钢铁100万吨，铜、铝、锡等有色金属20万吨，金、银、钯、铑、铂等稀贵金属200吨，年产值100亿元的经营规模，为开发中国“城市矿产”绿色资源、建设“资源节约型、环境友好型”社会贡献更大的力量。

第四节　湖南邦普循环科技有限公司

湖南邦普循环科技有限公司成立于2008年，总注册资本6000万元人民币，是佛山市邦普循环科技有限公司的全资子公司。公司位于湖南长沙国家节能环保新材料产业基地，总占地面积13万平方米，是目前国内最大的废旧锂电池资源化回收处理和高端电池材料生产的国家级高新技术企业。

公司年回收处理废旧电池总量超过6000t、年生产镍钴锰氢氧化物（三元前驱体）、镍钴锰酸锂（三元材料）、钴酸锂、氯化钴、硫酸镍、硫酸钴和四氧化三钴达4500t。公司通过独特的废料与原料对接的“定向循环”核心技术，不仅实现了废旧电池的变废为宝，而且使废旧电池还原成了高端的电池正极材料，这些富含战略性资源的“逆向产品”主要以“反哺形式”提供给国内知名的电池材料和电池制造企业，其中“邦普三元前驱体”已广受国内外正极材料企业所青睐（中国有色行业三元材料产品标准、分析方法标准、三元前驱体检测标准均由公司参与起草和负责验证）。

除小型二次电池回收处理之外，公司还具备电动汽车用动力电池回收处理技术。主要包括镍氢动力电池、锂离子动力电池（三元体系、锰系、铁系）两大类型，总设计年处理规模为1万吨。目前，公司已与国内多家动力电池制造企业和电动汽车整车制造企业合作，为他们提供全方位的动力电池回收处理和资源化解决方案，协助承担制造企业的生产者延伸责任。

作为公司循环产业的核心产业板块，公司在废旧电池高端循环领域取得成功的同时，已成功申请并获批成为长沙市宁乡定点报废汽车回收拆解企业，拆解场总占地面积近3万平方米，年回收拆解报废汽车设计总量为2万辆、回收和再生产钢炉精料1.8万吨、有色金属900t、非金属及其他材料5000t。其中汽车零部件深度再制造技术已成为公司从事报废汽车高端循环产业的核心利器。

通过几年的快速发展，公司依托集团总部强大的研发和规划管理体系，通过务实的产业经营，已成为中国资源综合利用协会常务理事单位、长沙市再生资源回收利用协会常务理事单位、长沙市创业新星、创业明星、工业发展“十快”企业、工业经济税收贡献奖等多项荣誉。

第五节 TCL 奥博（天津）环保发展有限公司

TCL 奥博（天津）环保发展有限公司是由惠州 TCL 环保资源有限公司、天津市博奇金属制品有限公司、天津子牙环保产业园有限公司共同组建的大型环保企业，主营业务为废旧家电及电子电器产品回收、拆解与加工处理，废五金、废塑料回收处理，废水、废液回收处理，货物与技术进出口等。

公司位于天津子牙循环经济产业区内，占地面积约 28 万平方米，一期项目规划总投资 3 亿元人民币，建成后可实现每年 10 万吨废旧家电、电子产品处理能力。

公司始终以创建废旧家电处理行业国内第一、国际领先企业为奋斗目标，采用达到国际先进水平的机械化、自动化工艺设备，在直接产出可再生利用的原材料的同时，将有害物质进行无害化处理，避免了家电拆解不当可能造成的对环境的影响。

作为大型电子电器生产企业，TCL 集团始终秉持回报社会的原则，积极承担企业的社会责任，以实际行动为中国的环保事业贡献力量，通过产品的绿色设计、绿色制造以及无害化回收处理废旧电子电器产品，最终实现整个产业链的生态循环。

TCL 奥博（天津）环保发展有限公司通过废旧家电产品的处理再生利用，一方面可以较原生料更低的成本继续使用，减少对社会资源的消耗，提高循环利用效率，有效降低成本；另一方面可有效抵消向欧盟缴纳巨额的产品回收处理费用，增强企业的产品竞争力，同时为社会提供更多的就业机会。

发展废旧家电产品回收拆解以及原料再生，是TCL集团承担社会责任的表现，在不断技术创新发展新型环保型家电的同时，努力节约企业生产对天然原材料的开发依赖，为实践可持续发展战略，建立循环型和谐社会做出贡献。

第六节　光洋应用材料科技股份有限公司

光洋应用材料科技股份有限公司成立于1978年，为国内规模最大也是全球最大碟片溅镀反射层薄膜靶材制造厂，产品包括贵金属化学品/材料、薄膜溅镀蒸镀靶材、特用化学品及资源回收四大类；主要的核心的竞争力在于厚实的研发能力，近期并与国内外知名业者策略结盟，如亚光应材、台湾精材、德扬科技等，借此整合集团内资源及专业分工布局，建构从靶材和其他耗材零组件制造、回收精炼、零件清洗和库存管理等，提供客户完备的ICTS（Inside Chamber Total Solution）整合型价值统包服务。

公司同时持有台湾环保署核发的氰化物电镀废液回收许可及唯一氰化银化学品制造执照，更配合政府绿色产业与传统产业高价值化政策，投资设立电子废料、石化触媒废料及汽车触媒废料等的贵金属回收精炼厂，以发展高附加价值与精密的贵金属材料产品。

戮力研究发展、提升技术层次、追求服务品质与满足客户需求的经营理念，继而强化目标管理、积极培训人才以建立共同愿景与回馈客户与社会的经营策略。目前，公司全球员工约有1176名，在中国台湾、中国香港、中国大陆、欧洲、美洲各地设有办事处及客户服务中心，提供全球客户24小时服务。公司的营运模式系整合其核心技术以及弹性制造与快速服务能力，不仅为全球客户提供即时的创新、品质与服务，同时也建构市场最具成本效益的制造能力与动态服务。公司将持续致力于提供获得客户肯定之产品技术与服务，以完整满足客户在贵金属整体价值链的期盼与需求!

第七节 美锌（常熟）金属有限公司

美锌（常熟）金属有限公司（简称美锌公司）是一家具有活力的全球性公司，由1918年成立沃特兰亭集团公司旗下沃特兰亭金属公司所有。沃特兰亭也是世界第五大锌锭生产企业，拥有自己的矿山。

美锌公司是世界领先的锌增值产品制造商，生产金属锌、氧化锌、锌粉和再生锌锭。美锌公司氧化锌分部，世界级间接法氧化锌生产商。公司是世界最大的氧化锌生产商之一，遍布南北美洲和中国的4家生产厂年产量达到131000吨。美锌（常熟）金属有限公司于2007年年末开始运营1期项目，设立于中国江苏省的氧化锌工厂是亚太地区最先进的氧化锌工厂。公司拥有“美锌”专利的生产设备，优良的操作环境，世界级的安全标准以及高效的资源。

美锌（常熟）金属有限公司已经通过了ISO 9001：2008管理体系认证。公司的产品广泛应用于要求高纯度和质量控制标准的众多行业，其中包括轮胎、橡胶、电子（磁性材料和避雷器）、化工、塑料、玻璃、陶瓷玻璃、涂料等。

参考文献

[1] 华觉明. 中国古代金属技术——铜和铁造就的文明[M]. 郑州：大象出版社，1999.

[2] 中国有色金属工业协会. 新中国有色金属工业60年[M]. 长沙：中南大学出版社，2009.

[3] 邱定蕃，徐传华. 有色金属资源循环利用[M]. 北京：冶金工业出版社，2006.

[4] 彭荣秋. 再生有色金属冶金[M]. 长沙：中南大学出版社，2005.

[5] 乐颂光，鲁君乐，何静. 再生有色金属生产[M]. 长沙：中南大学出版社，2006.

[6] 谭宪章. 冶金废旧杂料回收金属实用技术[M]. 北京：冶金工业出版社，2010.

[7] 郭学益，田庆华. 有色金属资源循环理论与方法(第二版)[M]. 长沙：中南大学出版社，2007.

[8] 中国有色金属工业协会再生金属分会. 2010年再生有色金属发展报告[R]. 2011.

[9] 中国资源综合利用协会. 国家各部委资源节约和环境保护政策资金申请指南及协会工作文件汇编[G]. 2011.

[10] 王吉位. 有色金属进展（1996~2005）第十一卷·有色金属资源循环利用[M]. 长沙：中南大学出版社，2007.

[11] 中国科学技术协会. 中国科学技术专家传略·工程技术编·有色金属卷2[M]. 北京：中国科学技术出版社，2002.

[12] 韩汝玢，柯俊. 中国科学技术史·矿冶卷[M]. 北京：科学出版社，2007.

[13] 屠海令，赵国权，郭青蔚．有色金属冶金、材料、再生与环保[M]．北京．化学工业出版社，2003.

[15] 刘培英．再生铝生产与应用[M]．北京：化学工业出版社，2007.

[16] 蔡曾清．中国铝合金再生资源发展研究[M]．北京：冶金工业出版社，2010.

[17] W. G. 达文波特．再生铜的拆解和预处理[M]．北京：资源再生杂志社，2007.

[18] 陈曦．国外再生铅新技术研究[J]．资源再生，2009.

附 录

附录一

1949 ~ 2012 年中国有色金属工业机构沿革

序号	年代/机构名称		内　容
一	1949. 11 ~ 1956. 5 重工业部	1949. 11. 1 ~ 1952. 12. 9 中央人民政府重工业部	1949 年 11 月 1 日，成立中央人民政府重工业部（撤销金属工业处），负责冶金（含钢铁、有色金属）化学、机械、国防和建筑材料等工业的生产与基本建设
		1952. 12. 9 ~ 1954. 9 中央人民政府重工业部有色金属工业管理局	1952 年 12 月 9 日，经中央人民政府财经秘 188 号文件批准，钢铁、有色金属、化学工业、建筑材料工业局为独立的管理局
		1954. 9 ~ 1956. 5. 31 中华人民共和国重工业部有色金属工业管理局	1954 年 9 月，第一届全国人民代表大会召开后，原中央人民政府重工业部改名为中华人民共和国重工业部
二	1956. 6. 1 ~ 1981. 5. 12 中华人民共和国冶金工业部		1956 年 5 月 12 日，全国人民代表大会常务委员会第 40 次会议通过决议，撤销重工业部，设立冶金工业部、化学工业部、建筑材料工业部

续附录一

序号	年代/机构名称	内 容
三	1981.5.12～1983.4.1 国家有色金属管理总局	1981年5月12日，国务院国发〔1981〕81号文件决定，成立国家有色金属管理总局，直属国务院，由冶金工业部代管。国务院要求总局要逐步向全行业工业总公司过渡
四	1983.4.1～1998.4 中国有色金属工业总公司	1983年4月1日，国务院国发〔1983〕53号文件决定，在原国家有色金属管理总局基础上成立中国有色金属工业总公司
五	1998.4～2000.12 国家有色金属工业局	1998年4月23日，国务院国发〔1998〕11号文件决定，解散中国有色金属工业总公司组建国家有色金属工业局。并决定在机构改革期间，仍负责管理原总公司所属企业。该局为国家经贸委管理的国家局
六	2001.4～至今 中国有色金属工业协会	2000年12月23日，国务院办公厅以国办发〔2000〕81号文件，决定撤销包括国家有色金属工业局在内的9个国家局，将其有关行政职能并入国家经贸委，并同时确立中国有色金属工业协会等10个综合性行业协会作为社团组织，在政府与企业间发挥桥梁与纽带作用。2001年4月，中国有色金属工业协会在北京正式成立

附录二

中国有色金属工业协会再生金属分会简介

CMRA

中国有色金属工业协会再生金属分会（China Nonferrous Metals Industry Association Recycling Metal Branch，缩写：“CMRA”，以下简称“再生金属分会”）是中华人民共和国经济贸易委员会批准，并经国家民政部注册登记的社会团体机构，于2002年5月16日成立，是中国唯一专业从事再生金属产业发展规划、协调、服务的行业组织。再生金属分会下设信息咨询部、发展部、事业部。信息咨询部主要从事国内外再生金属产业的政策、技术和市场信息的调研、统计、分析和研究，为再生金属企事业单位提供信息咨询服务、再生金属项目投资的可行性分析，制订再生金属产业的行业标准，为国家制订产业规划和政策法规提供参考和建议。发展部作为分会对外合作与交流的窗口，以促进国内外再生金属企业交流、技术合作为目标，与世界上主要再生金属行业组织及企业建立密切的合作关系。同时，承担协会与政府部门的沟通工作，组织筹办再生金属国际论坛、VIP国际俱乐部、出国考察等活动。事业部秉承CMRA“会员是亲人”的宗旨，开展会员发展、组织各地会员企业联谊会、座谈会等服务工作，充分在政府和企业之间发挥桥梁及纽带的作用。

同时负责协会内部的人力资源管理，建立科学的管理制度和现代化办公的秩序，更好地为会员服务。

协会文化

协会的理念：服务、诚信、创新、务实

协会的宗旨：会员是亲人、促进行业发展是我们的天职

附录三　64 种有色金属元素

64 种有色金属包括：铝、镁、钾、钠、钙、锶、钡、铜、铅、锌、锡、钴、镍、锑、汞、镉、铋、金、银、铂、钌、铑、钯、锇、铱、铍、锂、铷、铯、钛、锆、铪、钒、铌、钽、钨、钼、镓、铟、铊、锗、铼、镧、铈、镨、钕、钐、铕、钆、铽、镝、钬、铒、铥、镱、镥、钇、钪、硅、硼、硒、碲、砷、钍。

有色金属又分为轻金属、重金属、稀有金属、贵金属和其他有色金属。

（1）轻金属：7 种，铝、镁、钾、钠、钙、锶、钡（其中钾、钠、钙、锶、钡 5 种一般为化工系统的产品）。

（2）重金属：10 种，铜、铅、锌、镍、钴、锡、锑、铋、镉、汞。

（3）稀有金属：35 种，又细分为四类：

1）稀有轻金属 4 种（在稀有金属中密度最小）：锂、铍、铷、铯。

2）稀有难熔金属 8 种（在金属中熔点较高）：钨、钼、钽、铌、钛、锆、铪、钒。

3）稀散金属 7 种（矿体生成极为分散、且多为与其他矿物共生、非经准确的全分析不易发现）：镓、铟、铊、锗、硒、碲、铼（有的分法，将铼分为难熔金属）。

4）稀土金属 16 种（其氧化物似土，故名）：镧、铈、镨、钕、钐、铕、钆、铽、镝、钬、铒、铥、镱、镥、钇、钪。

（4）贵金属：8种，金、银、钌、铑、钯、锇、铱、铂。

（5）其他有色金属：4种，硅、砷、硼、钍。

附录四　元素周期表

周期	IA	IIA	IIIB	IVB	VB	VIB	VIIB	VIII	VIII	VIII	IB	IIB	IIIA	IVA	VA	VIA	VIIA	
1	1 H 氢 1.0079																	2 He 氦 4.0026
2	3 Li 锂 6.941	4 Be 铍 9.0122											5 B 硼 10.811	6 C 碳 12.011	7 N 氮 14.007	8 O 氧 15.999	9 F 氟 18.998	10 Ne 氖 20.17
3	11 Na 钠 22.9898	12 Mg 镁 24.305											13 Al 铝 26.982	14 Si 硅 28.085	15 P 磷 30.974	16 S 硫 32.06	17 Cl 氯 35.453	18 Ar 氩 39.94
4	19 K 钾 39.098	20 Ca 钙 40.08	21Sc 钪 44.956	22 Ti 钛 47.9	23 V 钒 50.9415	24 Cr 铬 51.996	25Mn 锰 54.938	26 Fe 铁 55.84	27 Co 钴 58.9332	28 Ni 镍 58.69	29 Cu 铜 63.54	30 Zn 锌 65.38	31 Ga 镓 69.72	32Ge 锗 72.59	33As 砷 74.9216	34 Se 硒 78.9	35 Br 溴 79.904	36 Kr 氪 83.8
5	37Rb 铷 85.467	38 Sr 锶 87.62	39 Y 钇 88.906	40 Zr 锆 91.22	41 Nb 铌 92.9064	42Mo 钼 95.94	43 Tc 锝 97.99	44 Ru 钌 101.07	45 Rh 铑 102.906	46 Pd 钯 106.42	47Ag 银 107.868	48Cd 镉 112.41	49 In 铟 114.82	50 Sn 锡 118.7	51 Sb 锑 121.7	52 Te 碲 127.6	53 I 碘 126.905	54 Xe 氙 131.3
6	55 Cs 铯 132.905	56 Ba 钡 137.33	57–71 La-Lu 镧系	72 Hf 铪 178.49	73 Ta 钽 180.947	74 W 钨 183.8	75 Re 铼 186.207	76 Os 锇 190.2	77 Ir 铱 192.2	78 Pt 铂 195.08	79 Au 金 196.967	80Hg 汞 200.5	81 Tl 铊 204.3	82 Pb 铅 207.2	83 Bi 铋 208.98	84 Po 钋 (209)	85 At 砹 (210)	86 Rn 氡 (222)
7	87 Fr 钫 (223)	88 Ra 镭 (226.03)	89–103 Ac-Lr 锕系	104 Rf 𬬻 (261)	105 Db 𬭊 (262)	106 Sg 𬭳 (263)	107 Bh 𬭛 (264)	108 Hs 𬭶 (265)	109 Mt 鿏 (268)	110 Ds 𫟼 (269)	111 Rg 𬬭 (272)	112 Cn 鿔 (277)						

镧系	57 La 镧 138.905	58 Ce 铈 140.12	59 Pr 镨 140.91	60 Nd 钕 144.2	61 Pm 钷 (147)	62 Sm 钐 150.4	63 Eu 铕 151.96	64 Gd 钆 157.25	65 Tb 铽 158.93	66 Dy 镝 162.5	67 Ho 钬 164.93	68 Er 铒 167.2	69 Tm 铥 168.934	70 Yb 镱 173.0	71 Lu 镥 174.96
锕系	89 Ac 锕 (227)	90 Th 钍 232.0381	91 Pa 镤 231.03588	92 U 铀 238.02891	93 Np 镎 (237)	94 Pu 钚 (239.244)	95 Am 镅 (243)	96 Cm 锔 (247)	97 Bk 锫 (247)	98 Cf 锎 (251)	99 Es 锿 (252)	100 Fm 镄 (257)	101 Md 钔 (258)	102 No 锘 (259)	103 Lr 铹 (260)